등교거부 아이 달래기

등교거부 아이 달래기

최명선 · 정유진 · 송현정 지음

이담
Books

이 책을 펼치는 모든 분께

　'마음맑음 시리즈'에 참여한 저자들은 처음부터 책을 쓸 목적으로 만나지 않았습니다. 저희는 아동심리치료에 대한 소신과 열정으로 석·박사 과정에서 성실히 학문적 기초를 쌓고, 워크숍과 임상교육을 통해 심화된 지식을 얻고자 한 사람들입니다. 또한 많은 임상경험과 훈련을 통해 누구보다 내실을 기하며 상담자의 길을 가고자 했습니다. 하지만 치료실에서 아이들을 만나면서 또다시 한계에 부딪히고 더 연구하고 더 알아야 할 것들에 대해 고민하게 되었습니다.

　그래서 지식을 더 깊게 하기 위한 마음을 모았고 시간을 쪼개어 함께 공부를 시작했습니다. 정기적인 작은 세미나를 가졌고, 최근 센터에 내원하는 아이들의 주 호소 문제를 분석하며 산발적으로 소개된 관련 내용을 모아 발표하고 토론하는 시간을 가졌습니다. 주제를 발표할 사람, 사례를 발표할 사람, 세미나를 마치고 내용을 종합·정리할 사람들이 열심히 자료를 정리하고 수집하다가, 이 자료를 '더 많은 사람들'과 나눌 수는 없을까 하는 생각을 하게 되었습니다. 그 사람들이란 아이들의 부모님이나 교사가 될 수도 있고, 아동과 관련된 일을 하는 현장 종사자가 될 수도 있으며, 우리들의 동료나 후배, 우리가 가르치는 학생들일 수도, 만나보지는 못했지만 이제 막 상담을 시작하는 초보상담자일 수도 있습니다. 스스로 닥친 문제를 해결하고자 하는 부모님이나 교사들, 각 증상을 가진 내담아동에 대한 지식을 열심히 찾고 있는 학생들, 치료실 안팎에서 아동과 부모를 위해 공부하고 문제를 해결해주고자 정성을 쏟고 있을 상담자들과 자료를 공유하고 싶었습니다.

원고를 쓰기 시작할 때, 상담에 막 입문했던 학생시절, 초보엄마, 초보 상담사 시절을 떠올리며, 그때로 돌아가 보았습니다. 공부와 임상을 오가며 바쁜 나날들을 보냈고, 내담아동과 부모를 위해 지식을 얻고 싶었던 마음은 조급하고도 절실했지만 주어진 지식현장은 그렇지 않았습니다. 갓 들어온 원서를 복사해서 보거나 번역서 관련 내용을 동냥해서 읽는 등 참으로 답답하고 안타까운 시간을 보냈습니다. 최신판 번역서를 읽고 의미를 정확히 이해하고자 원서를 다시 찾아 읽기도 하고, 그것도 안 될 때는 몇몇 부분은 아쉽게 넘겨버린 기억도 있습니다. 그 마음으로 돌아가 쓴 책이라 일반 부모님들께는 다소 어려울 수 있고, 숙련 상담자들에게는 역으로 너무 쉬운 내용일 수도 있을 것입니다. 이 책의 대상에 대해 많은 고민을 했지만, 그냥 단순하게 '필요로 하는 사람들'을 생각하며 내놓겠습니다. 부족하거나 얕은 부분은 약속한 기간까지 더 연구하고 공부하여 개정판에서 발전시켜 선보일 것을 약속합니다.

본 시리즈의 내용은 특정 증상의 특성과 원인, 측정하는 방법에 대해 이해하고, 다양한 치료적 접근 그리고 부모나 교사가 직접 실행해 보거나 그들과의 부모상담에서 사용할 수 있는 구체적인 예방과 대처로 구성되어 있습니다. 마지막으로 아이의 문제로 지치고 힘들어하는 부모님께 상담실 안에서 해주지 못한 저자들의 마음을 편지로 담았습니다.

이제 몇 권의 주제로 시리즈의 첫 문을 두드립니다. 앞으로 우리가 공부하고 함께 나눌 지식은 훨씬 더 많고, 깊으니 갈 길은 멀지만 의미 있는 일들에

설레기도 합니다. 아이들과 부모님들을 돕기 위한 저자들의 고민과 열정의 꽃은 사계절 피어날 것이며 치료자들과 나누고자 하는 마음도 변치 않을 것입니다. 부족하지만 본 시리즈가 관련 어려움을 가진 아동, 청소년들을 만나고 있는 그 누구에게라도 작은 보탬이 되길 바랍니다.

　마지막으로 한국에 놀이치료의 씨앗을 심고, 가꾸어 주시며 많은 치료사들이 탄탄한 훈련의 길을 거쳐 소신을 펼칠 수 있도록 힘이 되어주고 계시는 '한국놀이치료학회 1세대 놀이치료전문가' 선생님들께 고개 숙여 감사드립니다. 그리고 직업적 신념과 열정을 잘 이해해주시고 기꺼이 출판의 길을 열어주신 한국학술정보(주) 관계자 여러분들과 책을 마무리하는 데 모두가 한마음이 되어 열심히 해준 아동청소년상담센터 맑음 치료자들과 인턴 선생님들께도 감사의 인사를 전합니다.

맑음 연구실에서
저자 대표 최명선

Contents

PART 01

등교거부 이해하기

당신의 가정이 매일 아침마다 전쟁-학교에 보내려는 부모와 가지 않으려는 자녀의 심리전-으로 인해 고통스러워하고 있다면, 그리고 이러한 전쟁이 장기화되지 않을까 더욱 두려워하고 있다면, 혹은 당신이 이러한 부모와 자녀를 대하고 있는 상담자라면, 아마도 그것이 본서(書)를 선택한 가장 큰 이유일 것이다.

'다른 곳도 아니고 학교인데', '내게 그곳은 학교가 아니라 지옥이야!'

한 치도 물러설 수 없는 치열한 이 심리적 전쟁은 너무나 많은 에너지를 필요로 하기 때문에, 서로를 매우 지치게 한다. 자녀는 학교가 괴롭고, 부모는 그러한 자녀가 걱정스럽다. 뿐만 아니라 부모로서 이 문제에 대해 자녀에게 무슨 말을 해 줘야 하며, 어떻게 행동하는 것이 나의 자녀를 올바르게 도울 수 있는 방법인지 고민이 된다. 그냥 지켜보고 기다리고 있노라니 아이의 문제 행동은 꽤나 심각한 것 같고 어쩌면 점점 커져 가는 것 같다.

1. 등교거부의 개념

등교거부는 말 그대로 '어떠한 이유에서 학교를 가려 하지 않는 행동과 태도'를 말한다. 학교에 가더라도 그곳에 있는 것을 매우 힘들어한다. '등교거부(School refusal)'에 대한 개념은 학자들에 따라 등교거부 경향성, 등교거부 경험, 등교거부증, 무단결석 등으로 다양하게 정의해 왔다. 그러나 최근 임상 현장 및 연구들에서는 '등교거부'를 '무단결석'과 구분 지으려는 경향이 있다.

다시 말해 등교거부 아동들은 품행장애 아이들의 무단결석처럼 성인의 권위에 대한 반항의 의미로 등교거부행동을 하는 것이 아니라는 것을 강조한다. 등교거부 아동들의 부모 역시 자녀의 행동에 방임적 태도를 보이지 않고, 오히려 자녀를 학교에 출석시키려는 합리적인 시도를 하고 있다. 또한 등교거부 아동들은 학교에 가는 날 병리적인 신체적 고통을 호소하기도 하며, 다른 때보다 더 극심한 스트레스를 받고 있다는 것이 무단결석 아동들과의 특징적인 차이이다.

표 1 등교거부와 무단결석의 개념 비교

등교거부	무단결석
아이가 집에 있다는 것을 부모가 안다.	아이가 결석하고 시간을 주로 집 밖에서 보낸다.
심각한 반사회적 행동이 없다.	품행장애와 같은 반사회적 행동(비행이나 파괴적 행동)을 수반하는 경우가 많다.
부모는 아이를 출석시키려는 합리적 시도를 한다.	학교과제에 관심이 없고 부모에게 결석사실을 숨기려 한다.

부모가 학교에 보내려 하면 아이는 불안, 우울증상 등의 정서적 반응이나 설명되지 않는 신체 증상을 보인다.	부모가 아이의 결석을 무책임하게 허용하는 방임을 한다.
과도한 두려움이나 분노발작, 비참한 느낌 등의 증상을 보인다.	학교에 가야 하는 것에 대해 과도한 불안감이나 두려움을 보이지는 않는다.

출처: Berg, Nichols & Prichard(1969)

등교 거부

· 등교에 대한 과도한 불안감 및 분노발작
· 부모는 자녀의 출석을 시도해 보려고 노력함
· 자녀가 집에 있음을 부모가 알고 있음

학교에 가지 않으려 함

무단 결석

· 반사회적 행동 동반
· 권위에 대한 반항이 결석사유
· 학교과제에 관심이 없음
· 결석에 대해 부모가 방임하는 경우가 있음

학교공포증

일반적으로 공포증(phobia)이란 강렬한 두려움이 부적절한 연령에서, 비합리적이고, 과장되어 사건이나 사물의 회피를 가져와 고통스러워하며 정상적인 생활에 지장을 초래하는 심리 상태를 일컫는다. 아동의 경우 울음, 짜증내기, 얼어붙음, 매달리기 등의 불안 발작 형태를 취하며 나타나고, 이 경우 회피, 불안 예견, 일상생활, 학업, 사회관계를 방해하는 등의 모습을 최소 6개월 이상 지속하여 보인다. 따라서 학교 공포증은 등교거부의 메커니즘 중 가장 극심한 불안 정도를 나타내는 장애라 할 수 있다.

'학교 공포증(school phobia)'은 등교거부의 한 형태로서 그 정도가 아주 극심한 불안으로 나타나는 것을 말하는데, 이때는 선택적 함구증과 같은 불안장애와 연관되어 나타나기도 하며, 복통이나 두통, 피로감, 떨림, 빈뇨와 같은 증상을 보이기도 한다.

2. 등교거부의 특징

Mash(1999)는 등교거부 행동은 남·여아에게 공통적으로 나타나며 흔히 만 5~6세와 만 10~11세경에 가장 많이 발생한다고 했다. 또한 학교에 대한 지나치게 비합리적인 공포는 유치원 시기나 초등학교에 입학할 때 처음 발생하여 2학년에 정점이 된다고 하였다. 그러나 등교거부 행동은 어느 때라도 일어날 수 있으며, 아동기 후반부 혹은 청소년기에 갑자기 나타날 수도 있다고 설명한다.

등교를 거부하는 아동들의 특징은 등교시간이 되면 불안정해져서 갑자기 두통, 복통, 구토와 같은 신체 증상을 호소하지만, 학교에 가지 않으면 금세 안정을 되찾는다는 것이다. 그리하여 다음 날 다시 등교를 다짐하지만 막상 등교시간이 되면 같은 증상을 반복한다. 만약 아이가 학교에 가도록 강요당하면 난폭한 행동을 하거나 물건을 파괴하는 등의 거친 모습을 보일 수도 있다.

또한 이러한 증상은 학년이나 학기의 시작, 교사 혹은 또래와의 갈등, 부모와의 갈등 등을 계기로 발생하는 경우가 많고 이러한 촉발요소 이전의 보다 근본적인 원인으로는 본인의 성격 특징이나 부모의 양육태도, 부모-자녀 관계 등을 들 수 있다. 이에 관하여서는 2장에서 보다 자세히 살펴보도록 하겠다.

3. 등교거부의 측정과 진단

등교거부 경향성 정도를 측정하고 진단하기 위한 연구들은 1950년대 후반부터 이루어지기 시작하였고 대부분의 연구가 경험적 증거에 의해 주로 분류를 시도한 것이 아니라 접수면접에 의존한 임상집단에 근거하여 이루어졌다.

Coolidge, Hahn & Peck(1957)은 등교거부 증상의 경중을 평가하여 친숙한 환경과의 분리에 불안과 두려움을 보이는 경우를 신경증적 유형으로, 신경증적 유형보다 심각한 반사회적 행동을 드러내는 경우를 성격적 유형으로 나누어 살펴보았고, Kennedy(1965)는 등교거부 행동이 단번에 급성적으로 나타났는지, 서서히 여러 경험적 사건을 통해 점진적으로 진행된 것인지를 구분하여 두 가지 타입으로 나누어 진단하였다. 1978년에 이르러서는 Achenbach & Edelbrock이 CBCL에 근거한 평가를 바탕으로 우울 범주, 불안강박 범주, 비행 범주, 신체적 불평 범주로 나누어 진단하였다. DSM에서는 등교거부를 하나의 진단형태가 아닌 다른 진단에 포함된 행동 형태로 간주하다가 1986년과 1990년 각각 Bernstein & Garfinkel과 Last & Strauss에 의해 분리불안으로 인한 등교거부, 단순 공포로 인한 등교거부, 정서 문제 우울증으로 인한 등교거부의 세 유형으로 나누어 등교거부 증상을 진단하였다.

표 2 등교거부 증상 분류

1차	Coolidge, Hahn & Peck(1957)에 의한 분류	· 신경증적 유형: 친숙한 환경과의 분리에 대해 불안해하고 두려워하는 증상 · 성격적 유형: 신경증적 행동보다 심각한 반사회적 행동을 하는 증상
2차	Kennedy(1965)에 의한 분류	· Type I: 등교거부 행동이 단 한 번의 사건/삽화를 통해 급격하게 발생 · Type II: 여러 사건/삽화를 통해 점차적으로 발생하며 치료가 보다 어려움.
3차	Achenbach & Edelbrock (1978, 1979) CBCL 부모 평가에 근거한 경험적 분류	· 6~11세의 여아들의 등교거부 행동은 우울 범주 · 12~16세의 여아들은 불안강박 범주 · 학교에 대한 반항은 비행 범주 · 복통은 신체적 불평 범주
4차	DSM의 분류	등교거부 행동을 공식적인 진단이 아니라 다른 진단에 포함된 행동으로 본다. 예) 등교거부를 분리불안장애의 한 증상으로 분류
5차	Bernstein & Garfinkel(1986)과 Last & Strauss(1990) DSM에 근거해 분류 시도	· 분리불안장애로 인한 등교거부 · 단순공포로 인한 등교거부 · 정서문제, 우울증으로 인한 등교거부

보다 최근에는 Kearney & Silverman(1993)나 Kearney(2006) 등이 등교거부 아동의 진단에 대한 연구를 이어 왔다. 우리나라에서는 조아미(2008)가 Kearney(2006)의 연구를 한국 실정에 맞게 번안하여 아동과 청소년의 '등교거부 경향성 정도'를 측정할 수 있는 도구를 내놓았다. 본 책에서 이를 재구성하여 소개하면 다음과 같다. 이 척도는 5세 이상부터 18세까지 사용할 수 있으며 등교거부 경향성을 '학교에서의 친구 관계 문제', '학교 밖 활동에의 관심', '학교에 대한 부정적 정서', '학교에 대한 불만', '가족과의 분리의 문제', '기타'의 여섯 가지 요인으로 나누어 평가할 수 있도록 하였다.

만약 자녀의 등교거부 경향성을 측정해 보고 싶다면 아래의 척도를 체크하여 보고, 각 요인별 점수와 총점의 점수가 높을수록 각 요인별 경향성이 혹은 전체 등교거부의 경향성이 높은 것으로 간주하면 된다.

• 등교거부 경향성 척도(아동–청소년용)

번호	문항내용	전혀 아니다	아니다	보통 이다	그렇다	항상 그렇다
	학교에서의 친구관계 문제					
1	학교에서 친구들과 이야기하는 것이 어렵기 때문에 학교에 결석한다.	1	2	3	4	5
2	학교에 있을 때 선생님이나 친구들 앞에서 어떻게 행동해야 할지 몰라 학교에 가기 싫다.	1	2	3	4	5
3	학교에 친구들이 많이 없기 때문에 학교에 가기 싫다.	1	2	3	4	5
4	학교에 있을 때 학생들이 많이 모이는 장소에 가지 않는다.	1	2	3	4	5
5	다른 친구들보다 학교를 떠올리면 겁이 나거나 긴장된 느낌을 더 가지고 있다.	1	2	3	4	5
	요인점수 합:					
	학교 밖 활동에의 관심					
6	학교 가는 도중에 학교에 가지 않고 빠져나와 재미있는 놀거리를 찾거나 취미활동을 한다.	1	2	3	4	5
7	학교에 가는 날이지만 등교하지 않고, 집 밖에서 다른 사람들과 만나 대화를 한다.	1	2	3	4	5
8	학교 밖에서 친구들과 즐겁고 재미있는 것을 하려고 학교에 가지 않는다.	1	2	3	4	5
9	학교에 가는 날인데 등교하지 않고, 친구들을 만나 그냥 돌아다니거나 PC방이나 놀이장소에 가서 즐긴다.	1	2	3	4	5

10	다른 친구들보다 학교 밖에서 재미있는 활동을 하는 것을 더 좋아한다.	1	2	3	4	5
	요인점수 합:					

학교에 대한 부정적 정서

11	시험 치는 것을 생각하거나 '선생님'을 떠올리면 기분이 나빠지고 학교에 가기 싫다.	1	2	3	4	5
12	학교에 있으면 기분이 나빠지지만 집에서는 그렇지 않다.	1	2	3	4	5
13	학교를 쉬는 주말이나 주일에 다음 주 학교 갈 것을 생각하면 긴장되고 우울해진다.	1	2	3	4	5
	요인점수 합:					

학교에 대한 불만

14	만일 학교에서 두려운 일들이나 긴장감이 감소된다면 학교에 가는 것이 더 쉬워질 것이다.	1	2	3	4	5
15	만일 친한 친구가 생긴다면 학교에 가는 것이 더 편안해질 것이다.	1	2	3	4	5
16	만일 방과 후에 내가 좋아하는 활동을 할 수 있다면 학교에 가는 것이 더 좋아질 것이다.	1	2	3	4	5
	요인점수 합:					

가족과의 분리의 문제

17	만일 당신의 부모님이 학교까지 데려다준다면 학교에 가는 것이 더 편할 것이다.	1	2	3	4	5
18	학교에 가는 것보다 오히려 부모님과 같이 있을 때 느낌이 더 좋다.	1	2	3	4	5
19	집에서 부모님께 배우는 것이 학교 선생님께 배우는 것보다 더 좋다.	1	2	3	4	5
20	학교에 있을 때 부모님이나 가족들 생각이 난다.	1	2	3	4	5

21	학교에 가는 것보다 가족과 함께 많은 시간을 보낸다.	1	2	3	4	5
22	다른 친구들보다 부모님들과 같이 집에 있는 것을 좋아한다.	1	2	3	4	5
	요인점수 합:					

기 타

23	슬프거나 우울하기 때문에 학교에 가지않는다.	1	2	3	4	5
24	다른 친구들보다 결석을 자주 한다.	1	2	3	4	5
	요인점수 합:					

총계

4. 등교거부 유형

등교거부의 발생 원인이나 증상은 치료자의 입장에 따라 다양하므로 획일적인 설명은 곤란하지만 몇 가지를 소개하면 다음과 같다. 먼저, 김유숙·박진희·최지원(2009)은 이를 분리불안형, 착한 아이 신드롬형, 어리광형의 세 유형으로 나누어 정리한 바 있다. 또 다른 유형으로 Krowatsch & Domsch의 2006년 연구에서는 등교거부의 유형을 난폭한 아이와 겁쟁이 유형으로 나누었다. 학교 공포증에 맞서는 방법으로 도망이 아니라 싸우는 길을 택하는 난폭한 아이들이 있다. 일부 남자아이들의 경우 학교에 대한 두려움이 타인을 괴롭히거나, 거친 말, 난폭한 행동과 같은 공격적 행동을 이끌어내기도 하는데, 이런 아동들의 행동 원인이 잘못 해석된 경우 교사나 부모의 엄한 대처가 따르게 되고 이는 아동으로 하여금 더 큰 두려움을 느끼게 하는 악순환을 가져올 수 있다. 난폭한 유형의 아이들은 공격적인 행동 외에 다른 정서표출 방법을 알지 못하는 경우가 대부분이다. 한편 타인이 아닌 자신을 향한 공격행동을 보이는 아동들도 있는데, 이들은 머리카락을 쥐어뜯거나 손톱을 물어뜯는 행동, 머리를 벽에 박거나 심지어 피부에 상처를 내는 것과 같은 자해 행동을 한다. 자해로 인한 고통은 현재의 불안을 일시적으로나마 낮추어 주기 때문이다.

표 3 등교거부 유형

김유숙, 박진희, 최지원(2009)		Krowatsch & Domsch(2006)	
분리 불안형	유아기부터 초등학교 저학년에서 자주 드러나는 형으로 어머니와의 분리불안이 기반이 됨. 분리불안을 일으키기 쉬운 아동의 어머니는 과보호적이거나 거부적이며 간섭을 하지 않고 냉정한 것이 특징	난폭한 유형	학교에 대한 두려움에 맞서는 방법으로 공격적 행동을 선택 · 타인을 괴롭히거나 거친 말, 난폭한 행동을 함. · 자신을 향한 공격행동(자해)을 하기도 함(손톱 물어뜯기, 머리카락 쥐어뜯기, 벽에 머리박기, 피부에 상처내기).
착한 아이 신드롬형	초등학교까지는 아무런 걱정도 없이 좋은 아이라는 평가를 받았던 아이가 사춘기에 접어들면서 갑자기 학교 가기를 거부. 학교에 가지 않는 것에 대해 강한 죄책감을 가지지만 집 밖을 나가지 않으려는 의지는 더욱 강해짐. 성격은 착실하지만 완전을 추구하는 경향이 강하며 실패를 두려워함.	겁쟁이 유형	분리불안이나 일반화된 불안으로 인해 학교에 갈 수 없음. · 가끔씩 등교를 거부함(걱정이 지나쳐져서 심한 불안을 일으킬 때). · 예: 중간고사가 가까워 오고 시험이 걱정될 때 · 예: 출장 간 아빠가 너무 걱정될 때 사회적 불안으로 등교를 거부함. · 예: 새 학기에 다른 친구들 앞에서 자기 소개하는 일이 걱정될 때
어리광형	어릴 때부터 간헐적으로 등교거부를 하다가 사춘기에 접어들면서 본격적으로 됨. 성격은 제멋대로이며 신경질적이고, 인내심이 부족하며 정서적, 사회적으로 미성숙함. 학교에 가지 않는 것에 죄책감이 그다지 없고 학교가기를 강요하지 않는 한 집 안에서 기분 좋게 지냄.		

겁쟁이 아이들은 부모와 떨어지는 것을 불안해하여 등교를 거부하거나 (분리불안), 일상생활의 다양한 생활에서 오는 끊임없는 걱정으로 인해(일반화된 불안) 학교에 갈 수 없다. 발생할 수 있는 온갖 사고, 집안문제, 옷차림, 친구의 표정, 날씨 등 모든 것이 걱정거리가 된다. 이들은 매일 등교를 거부하는 것은 아니지만 가끔씩 등교거부 행동을 한다. 예를 들어 나쁜 성적을 받을까 봐 지나치게 시험이 걱정된다거나, 아버지가 출장을 갔을 때 무사히 돌아오실지가 걱정되어 학교에 갈 수 없다거나 하는 모습을 보인다. 또 다른 겁쟁이로는 친구나 선생님이 흉볼까 봐 두려워하여(사회적 불안) 등교를 거부하는 아이들이다. 이들은 다른 친구 앞에서 자신을 소개하거나 다른 친구 앞에서 밥을 먹는 일, 새로운 친구에게 말을 건네는 일, 선생님께 대답하는 일 등이 지나치게 걱정되어 학교에 갈 수 없다.

5. 등교거부 증상

등교를 거부하는 아이들은 다음과 같은 신체적, 심리적 증상들을 보이는 경우가 많다. 공통적으로 심한 불안감이나 공격 또는 충동적 행동을 보이며, 집중력이 저하되고, 감정을 조절하지 못한다. 때로는 학교에 대한 스트레스가 아동들이 갖고 있던 알레르기 반응을 심하게 악화시키기도 한다(예: 아토피나 천식 증상의 심화).

① 불안 및 우울한 정서 상태와 관련된 증상

■ 식욕 부진 또는 통제되지 않는 과도한 식욕

다섯 살 혜윤이는 아침에 등원하기 전에 통 먹으려 하지 않습니다. 늦잠을 자서 밥 먹을 시간이 없어서가 아닙니다. 오히려 유치원에 가는 주중에는 주말보다 훨씬 일찍 일어납니다. 가끔씩 눈뜨자마자 목이 마르다며 요구르트 한 개 정도 먹기는 하지만, 등원 시간이 가까이 오면 정말 아무것도 먹지 않습니다. 아침에 밥맛이 없어서 그럴까 하여 평소 좋아하는 토스트나 시리얼 등을 주어도 먹지 않고, 주먹밥, 호박죽, 스프 등 간편하게 먹을 수 있게 아침식사를 준비해 줘도 통 입에 대지 않습니다. 하다못해 물, 심지어 그 좋아라 하는 사탕도 입에 대지 않습니다.

원래는 15개월경부터, 아침에 눈뜨자마자 밥부터 먹던 아이입니다. 엄마인 제가 가끔씩 복에 겨운 투정을 하며 "난 아침에 눈뜨자마자 혜윤이 아침 준비하느라 너무 바빠~"라고 말하면 주위 지인들은 아침을 거르지 않는 것은 아이의 건강이나 두뇌 발달, 그 밖에 여러 가지로도 참 좋은 습관이니 이 습관을 커서까지 유지할 수 있도록, 엄마가 잘 도와주라고 말해 줬습니다.

그러나 8개월 전 유치원에 입학하고부터는 이렇게 아침마다 음식을 거부하는 모습을 보입니다. 물론 주말이 되면 정말 귀신같이 아침에 눈뜨자마자 "엄마 배고파~, 밥 주세요~"라고 말합니다.

위의 예는 유아기에 분리불안으로 등원 거부 현상을 보여 놀이치료를 받으면서 유치원 적응을 한 아동의 실제 사례이다(현재에도 전반적 불안증 상과 관련하여 놀이치료 중임). 이 아동은 울지 않고 등원해서 정상적인 원 생활을 하게 된 이후에도 유치원에 가기 전에는 여전히 음식에 대한 거부 증 상을 보이고 있다. 이 아동은 전반적으로 불안에 취약한 아동이어서 등원 전 뿐 아니라 아동 스스로 긴장되는 일을 하기 전(예: 엄마와 인형극을 보러 가기 전, 홈스쿨 선생님이 집에 방문하기 전 등)에도 동일하게 음식에 대해 거부하는 모습을 보인다.

청소년기로 넘어가는 청소년 초기와 성인기로 넘어가는 청소년 후기에 등교거부 현상을 보이는 경우에는 등교거부의 원인에 따라서 섭식장애의 한 형태인 '신경성 식욕부진증' 또는 '신경성 폭식증'을 함께 진단받기도 한다. 자신에 대한 부정적인 신체상을 갖고 있으며 이로 인해 우울증을 호소하는 청소년의 경우이다. 이런 아동들은 스스로(전적인 자신의 판단으로)가 너무 마르거나 뚱뚱한 것이 또래관계에 미칠 영향에 대해 지나치게 걱정한 나머지 등교를 거부하며, 실제로 외모와 관련된 원인으로 왕따나 또래 괴롭힘을 경험한 이후에 이러한 증상이 등교거부와 함께 나타나기도 한다.

신경성 식욕부진증

연령과 신장에 비해 최소한의 정상체중을 유지하는 것조차 거부하거나, 체중이 적음에도 불구하고 체중증가와 비만에 대한 극심한 두려움이 있는 경우, 또는 체중과 체형에 대한 지각 방식이 왜곡되고, 체중과 체형이 자기 평가에 지나친 영향을 미치며 현재의 낮은 체중의 심각성을 부정하는 경우를 말한다.

신경성 폭식증

일정시간 동안 대부분의 사람들이 유사한 상황에서 동일한 시간 동안 먹는 것보다 분명하게 많은 양의 음식을 먹으며, 이러한 현상을 반복적으로 보이고, 먹는 동안 음식에 대한 조절 능력의 상실감을 보이는 경우를 말한다. 이들은 먹는 것을 멈출 수 없고 무엇을 얼마나 먹어야 할 것인지 조절할 수 없으며, 스스로 유도한 구토 또는 하제, 이뇨제, 관장약, 기타 약물을 남용하기도 한다. 이 역시 신경성 식욕부진증과 마찬가지로 체중과 체형이 자아 평가에 과도한 영향을 미친다.

■ 불면증 또는 새벽에 일찍 일어남

다음은 시험불안으로 사이버 상담공간의 문을 두드렸던 아동의 사례이다. 이 아동은 1년여간 시험에 대한 지나친 걱정과 강박적인 사고로 심한 긴장감과 불면증을 상담센터 사이버 공간에 호소하였으나(아래의 내용은 이 아동이 사이버 게시판에 올린 글을 내담자 및 보호자의 동의하에 각색 후 기재한 것임), 본인의 거부로 상담으로 이어지지 못하다가, 1년 후 등교거부증으로 내원하여 상담을 받았었다.

중3 준표는 시험에 대한 걱정으로 잠이 오지 않는다. 다른 친구들은 아직 시험 날짜도 많이 남았는데 뭐 벌써부터 공부 계획을 짜느냐고 한다. 그러나 준표는 아무리 공부 계획을 짜 보고, 검토해 보아도 완벽한 시험 준비를 할 수 없을 것 같아 두렵다. 원하는 성적이 나오지 않으면 견디기 힘들 것 같다. 저번보다 성적이 오르지 않으면 어떡하지? 한 과목에 교과서 한 번 읽고, 요약과 문제 풀기를 하고, 또 다른 문제집 한 권으로 다시 한 번 꼭 확인해 봐야 하는데? 준표는 요새 시험 날 아침 눈을 떴는데 공부를 하나도 하지 않은 상태인 꿈을 자주 꾼다. 어떤 날은 내일 시험 보는 과목이 세 과목인데 한 과목도 다 끝내지 못한 채 시험 날 아침이 되어 버린 꿈을 꾼 적도 있다.
준표는 매일 분 단위로 공부 계획을 짜 놓는다. 그러나 달성하지 못하고 걱정만 하다 계획을 지키지 못한 날도 있고, 혹은 너무 걱정되어서 그냥 오늘만 놀아야지 해놓고 밤새 후회되어 잠을 못자는 날도 있다. 시험 기간이 가까워오면 아무리 늦게 자도 새벽에 눈이 떠진다. 잠시간이 부족해서 낮 시간엔 늘 몽롱하다. 그래도 밤에 잠자리에 누우면 몸은 너무 피곤한데 정신만 자꾸 말똥말똥해진다. 머리는 깨어 있는 채로 몸만 잠을 자는 기분이다. 학교에 무슨 일이 생기거나, 나에게 병이 생겨서 시험 날을 포함해 한 달 정도만 학교에 가지 않았으면 좋겠다.

등교거부 현상을 보이는 아동 중에는 위의 예와 같이 학교생활에 대한 불안과 과도한 걱정에 의해 비합리적인 침습적 사고가 잠자리에서 반복적으로 일어나, 불면증을 호소하는 경우가 있다. 또한 우울 증상이 등교거부의 원인인 아동 역시 수면 문제의 어려움(불면증, 일찍 일어남, 자는 동안 자주 깸)을 동반하는 경우가 많다.

■ 틱(tic), 손톱 물어뜯기, 손가락 빨기, 발모

틱이나 손톱 물어뜯기, 손가락 빨기, 발모는 주로 불안과 관련되어 나타나는 현상들이다. 틱이란 특별한 이유 없이 자신도 모르게(불수의 근) 얼굴이나 목, 어깨, 몸통 등의 신체 일부분을 아주 빠르게 반복적으로 움직이거나 이상한 소리를 내는 것을 말하는데 움직임이 있는 것을 운동 틱, 소리를 내는 것을 음성 틱이라고 한다.

Tip 틱 대처법

학령기 아동의 약 25% 정도가 짧은 기간 동안 틱 증상을 보인다. 경미한 틱의 경우 이 증상에 관심을 가지지 않고 무시하면 저절로 호전되는 경우가 많지만 정도가 심한 경우(특히 화면을 보거나 집중해야 하거나 흥분의 정도가 높을 때) 전문가와의 상담이 필요하다.

먼저 아이와 이 문제에 대해 차분히 대화하는 것이 중요하다. 이 행동을 하지 못하도록 윽박지르는 것은 틱 현상을 더 심화시킬 수 있다. 아이가 틱 때문에 곤란한 점은 없는지(선생님의 지적이나 친구들의 놀림 등), 학교 생활하는 데는 어려움이 있지 않은지, 자신 스스로 이 문제를 어떻게 생각하는지 물어본다. 자녀에게 충분한 수면을 취하게 하고 운동이나 아이가 좋아하는 활동을 적극적으로 하게 한다. 4장에 소개한 호흡법과 근육이완법은 긴장으로 인한 틱 증상에 도움을 줄 수 있다.

이러한 틱 증상은 유전적인 요인이나 뇌의 이상, 또는 호르몬의 영향 등과 관련되어 있는 것으로 알려져 있으나 그 밖의 학습이나 심리적인 요인으로 일시적으로 나타날 수 있으며, 또한 이러한 요인들이 기존의 틱을 더욱 악화시킬 수도 있다.

따라서 학교 상황에서 오는 긴장이나 불안과 같은 스트레스는 등교거부 아동들에게 일시적인 틱 현상을 보이게 하거나 혹은 악화시킬 수 있고, 마찬가지로 손톱 물어뜯기, 손가락 빨기, 정수리나 귀 옆의 머리카락 또는 눈썹 등을 뽑는 행동(발모)을 보이게 할 수 있다.

Tip 손톱 물어뜯기 대처법

아동의 30%, 성인의 10%가량이 반복적으로 손톱을 물어뜯는다고 한다. 중요한 것은 손톱을 물어뜯는 행동 기저에 있는 원인이다. 전문가와의 상담을 통해 그 원인을 찾고 해결하는 것이 급선무이다. 만약 행동의 원인이 긴장이나 스트레스라면 이 책의 4부에서 소개한 '호흡법'이나 '근육이완법'을 매일, 혹은 긴장이 될 때마다 활용하면 도움이 된다.

흔히 부모들이 가장 많이 사용하는 방법이 아이들의 손가락에 쓴 무엇인가를 바른다거나 밴드를 감아놓는다. 때로는 이러한 방법이 효과를 보는 듯하지만 앞서 말한 손톱 물어뜯기의 원인이 해결되지 않는 한, 아이들은 손톱 대신 콧구멍을 후빈다거나 성기를 조몰락거리고 있을 수도 있다. 또 손톱을 물어뜯을 때 야단치는 대신에 이러한 행동이 조금이라도 줄었을 때 칭찬을 해 주는 것이 더 약이 된다.

■ 야뇨증, 배변실수, 빈뇨

야뇨증이나 배변실수는 보다 어린 시기에 있는 아동들이 등교거부 증상의
한 형태로 경험하는 경우가 많다. 밤에 악몽을 꾸거나 잠꼬대(특히 학교나
유아교육기관에서 있었던 일들을 회상)를 하면서 소변을 실수하기도 하고,
대소변 훈련을 성공적으로 마치고 한참 이후임에도 불구하고 학교에서 배
변실수를 하기도 한다. 이는 낮 시간 동안의 학교생활에 대한 심한 불안감
때문에 또는 다른 공격적 행동들과 같이 나타나는 경우가 많다.

보다 나이든 아동이나 청소년의 경우는 야뇨증이나 배변실수보다 지나치게
자주 소변을 보는 현상으로 더 많이 나타난다. 물론 빈뇨 현상은 어린 아동
들에게도 동일하게 보고된다.

Tip 야뇨증 대처법

야뇨증은 시간이 지나면, 그리고 무엇보다도 야뇨증의 원인이 되는 두려움이 줄어들면
저절로 나아지는 경우가 많다. 그렇지만 야뇨 현상을 보이는 동안에는 다음과 같은
방법을 사용하면 도움이 된다.
• 취침 한 시간 전에는 물이나 우유와 같은 음료 종류를 마시지않게 한다.
• 잠자리에 들기 직전 한 번 더 화장실에 다녀오게 한다.
• 아침에 일찍 깨워 화장실에 가게 한다.
• 실수를 하지않은 날은 자녀가 아주 흡족해할 만큼 칭찬해 준다.
• 소변 실수를 한 날에 실수한 것에 대한 비난이나 부담을 주지않는다.
  단, 침대 시트나 요는 자녀 스스로 갈게 한다.

이는 특히 등교 시간 전까지와 학교에 머무는 시간에 더 많이, 자주 나타나고, 하교와 동시에 증상이 사라졌다가 다음 날 아침에 다시 나타나는 경우가 많다.

② 신체화와 관련된 증상

■ 두통이나 복통(과민성 대장증상), 목의 이물감의 호소, 변비

아침이면 머리가 깨질듯이 아프다거나, 전날 혹은 밤사이 특별히 잘못 먹은 것도 없는데 아침에 배가 아파서 자꾸 화장실에 들락날락하게 되는 증상은 등교거부를 보이는 아동들이 가장 흔하게 보이는 '신체화 증상' 중 하나이다. 학교 가기를 거부하면서 이러한 증상이 아침마다 반복되어 나타난다면 '등교거부증'을 의심해 보아야 한다. 반대로 변비로 고생을 하기도 하고 또는 목에 무엇인가 걸려 있는 듯한 통증과 불편감이 계속되지만 이비인후과적인 이상은 찾아볼 수 없는 경우도 있다.

신체화 증상(somatization)

의학적 이상이 없음에도 불구하고 다양한 신체 증상을 반복적으로 호소하지만, 신체 질환이 아닌 심리 요인이나 갈등에 의한 경우로 판단되는 증상

정도가 약한 경우에는 '학교에 가기 싫다'는 직접적인 의사표현을 하기 이전에 이러한 신체화 증상이 먼저 나타나기도 하고, 어떠한 경우에는 자신이 무엇에 그토록 스트레스를 받고 있는지 의식화하지 못한 채 상담실로

의뢰되었다가 상담과정에서 그 원인이 '학교생활에 대한 부담감 또는 스트레스'임을 발견하는 사례도 있다.

③ 집중력저하, 공격적 행동, 감정조절의 문제

등교문제로 스트레스를 경험하는 아이들은 전과 비교할 때 집중력이 저하되고 공격적 행동이 증가하며 감정을 조절하지 못하는 등과 같은 급작스런 행동이나 정서 변화를 보일 수 있다. 그리고 이는 비교적 직접적이고 적극적인 등교거부에 대한 표현이기도 하다. 그러나 특징적인 것은 '등교 전쟁(등교시간이 다가옴에 따라 부모와 벌이게 되는 신경전)'이 끝나고 집에 있어도 됨을 허락받게 되면 이러한 행동은 현저히 감소된다. 그리고 또다시 다음 날 오전이 되면 동일한 패턴을 반복(강도는 더욱더 세어짐)하는 경우가 많다. 이전과 달리 집중을 하지 못하고 산만해 보인다거나, 화산이 폭파하듯이 화를 내며, 혹은 물건을 던지며 반항하고, 방문을 걸어 잠근다. 심지어 자해를 하는 경우도 있다. 큰 소리로 울거나 일상의 사소한 일에 과도하거나 예민한 반응을 보이기도 하며, 짜증이 증가하는 경우가 많다.

PART 02

등교거부의 원인

등교를 거부하는 아이들은 학교가 왜 그렇게, 너무나도 싫은 것일까? 그들이 등교를 거부할 수밖에 없는 진짜 이유는 무엇일까?

등교거부는 유전적 요인(기질, 부모의 정신병리 등)이나 심리학적인 특성(불안이나 우울 정도, 대인 예민성, 낮은 자존감), 사회 기술의 부족과 같은 등교거부아의 개인적인 요인에 부모의 양육태도나 부모–자녀 관계, 또래 관계 상황, 교사와의 관계 정도, 학업 스트레스 등과 같은 환경적 요인의 영향이 더해져 발생한다. 그런데 이는 발생 연령에 따라 거부 행동 특성이나 원인이 다르게 범주화되는 경우가 많다.

그리하여 본 장에서는 유아기, 아동기, 청소년기 별로 나누어 등교거부의 원인을 찾고 자세히 살펴보고자 한다.

1. 유아기의 등원거부

유아기의 등원거부의 원인은 대부분 '분리불안'과 관련된 것이 많다. 우리나라의 경우 유치원은 학교와 달리 정규 교육체계에 포함되어 있지 않으

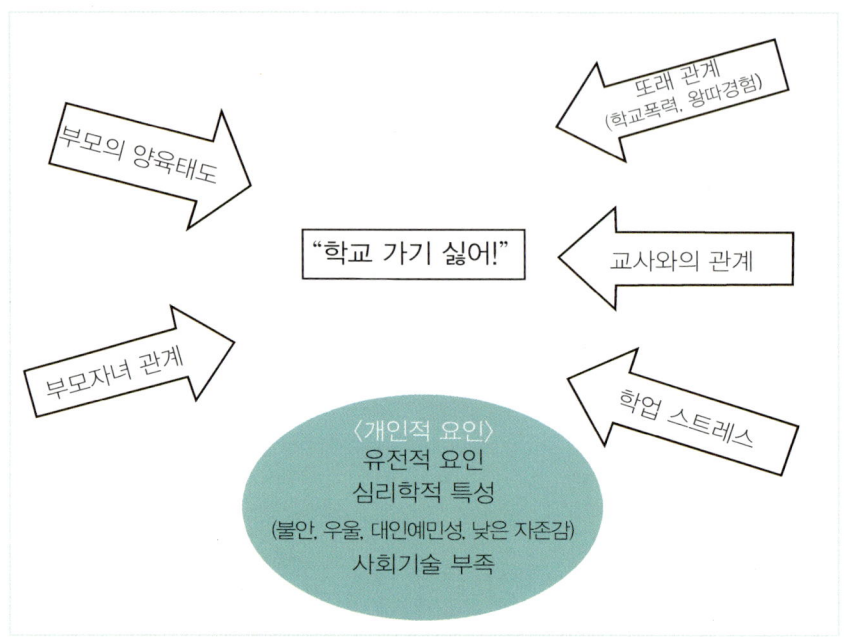

또래 관계
(학교폭력, 왕따경험)

부모의 양육태도

"학교 가기 싫어!"

교사와의 관계

부모자녀 관계

학업 스트레스

〈개인적 요인〉
유전적 요인
심리학적 특성
(불안, 우울, 대인예민성, 낮은 자존감)
사회기술 부족

등교거부의 원인

므로 이 시기의 등원거부 현상을 보이는 아동들의 부모는 자녀의 등원시기를
좀 더 늦춘다거나, 혹은 유아교육기관에 보내지 않는 경우도 있고, 좀 더
나이가 들면 해결되겠지 하는 막연한 기대를 하는 경우도 있다. 그러나 '분리
불안' 문제가 제대로 해결되지 않을 경우 지속적으로 아동의 적응에 영향을
줄 수 있다. 아동의 분리불안 그 자체 때문이기도 하지만, 때로는 분리불안을
일으킨 부모의 잘못된 양육태도가 수정되지 않아 더 많은 문제를 낳기도 한다.

1) 개인적 요인

① 분리불안

출산 후에도 직업을 유지하는 여성들이 늘어나면서 최근 우리나라 아동들의 취원 연령은 점점 낮아지고 있는 실정이고, 유치원이나 어린이집 적응을 어려워하는 아동들은 점차 늘고 있다. 학령 전 유아기 아동들의 등원거부는 부적응 행동의 한 형태이다. 앞서 기술한 것과 같이 유아기 등원거부의 가장 흔한 원인으로는 분리불안을 들 수 있다.

아동이 애착대상과 헤어지는 데 대한 두려움이 생기는 시기는 대개 8~12개월 무렵이고, 15개월경에 가장 심하다가 만 3세 이후에 사라지게 된다. 학자들은 주 양육자와 안정된 애착을 맺을수록 분리불안을 적게 느낀다고 보고하고 있고, 그 이유는 경험적인 이유로 주 양육자가 곧 돌아올 것을 쉽게 믿을 수 있기 때문이라고 한다.

그러나 어머니의 빠른 직장 복귀로 인해 안정된 애착이 형성되기 이전에 아동이 교육기관에 맡겨지게 되면 아동은 분리불안을 호소할 수 있다. 학자들이 말하는 만 3세 이후에도 부모와의 분리를 발달과업으로 해결하지 못한 아동들은 여전히 엄마와 떨어지는 것이 힘들다. 이러한 아동들의 등원거부 이유는 '유치원이 두려워서가 아니라 엄마와 헤어지는 것이 두려워서'이다. 그렇기 때문에 유치원에 가지 않겠다고 마룻바닥에서 뒹굴거나 큰 소리로 울고 불며 엄마에게 매달린다. 엄마가 교실에 함께 있지 않으면 적응을 시도할 수 조차 없다. 그런데 이러한 분리불안은 아동에게만 있는 것이 아니라 심지어 부모에게도 있는 경우가 있다.

저희 아이는 만 38개월 된 남자아이입니다. 우리나라 나이로 네 살이고요. 5개월 전에 동생이 태어나 어쩔 수 없이 큰아이를 어린이집에 보내게 되었습니다. 어렸을 때부터 낯도 많이 가리고 예민한 아이였구요, 이제 어린이집에 다닌 지 3개월이 지났습니다.

한 달쯤 적응기를 지내고 나서 이제 울지 않으면서 등원하나 싶었는데. 얼마 전 열감기로 일주일간 결석을 한 후에 사정이 달라졌습니다. 아침에 눈을 뜨자마자 어린이집에 가지 않겠다고 울기 시작합니다. 조금 후 달래져서 잘 노나 싶더니 아침식사를 할 때 또 한 번, 아빠가 출근하실 때 또 한 번 오늘은 가지않겠다며 떼를 쓰고 웁니다.

선생님 말씀으로는 막상 원에 가서는 친구들과도 잘 놀고 수업시간에도 밝다고 하십니다. 그런데 다른 아이들보다 화장실을 자주 간다고 하네요. 집에서도 아침에 등원하기 전까지는 "엄마~, 쉬 마려워요"를 반복합니다. 자다가 잠꼬대로 어린이집 안 갈 거라고 하기도 하고, 엄마와 함께 있을 수 있는 주말만을 기다립니다.

전엔 그러지 않았는데, 원에 갔다 와서 오후시간에는 떼도 늘고 화도 많이 냅니다. 주말에는 너무나 평안하고 기분도 좋구요. 그러다 다시 일요일 저녁이 되면 "엄마 내일 어린이집 안 가고 싶어요~" 하고 울면서 잠이 듭니다. 아이를 너무 빨리 기관에 보냈나 싶기도 하고, 동생 때문에 떼어놓은 것 같아 미안하기도 하고, 조금 쉬었다 다섯 살이 되면 다시 보내야 하나 너무나 고민이 됩니다.

부모 자신이 자녀와의 분리를 힘들어하는 것이다. 울고 불며 자신에게 매달리는 자녀는 엄마를 극도로 불안하게 만든다. 아이보다 더 불안한 얼굴로 아이를 교실에 들여보내고 난 후, 아이와 마찬가지로 초조한 모습으로 쉬는 시간이 되기만을 혹은 수업이 끝나기만을 기다린다.

분리불안이 이미 해결된 아동의 경우에도 일시적으로 이 현상이 다시 나타나는 경우가 있다. 예를 들어 새 학기가 되어 모든 환경이 낯선 경우나, 가정에서 큰 문제가 발생했거나 이사를 한 경우, 가까운 사람이 중병에 걸린 경우, 혹은 긴 시간을 부모와 보내고 난 주말이나 방학이 끝난 직후가 분리불안이 다시 발생될 가능성이 높아지는 시기이다.

낯선 환경에 익숙해지고, 스트레스가 되었던 환경이 해결되고 나면 분리불안이 비교적 쉽게 극복되고 빨리 사라지는 경우도 많이 있다. 그러나 청소년기에 이르기까지 분리불안을 해결하지 못하고 다양하고 복잡한 형태로 그것을 표출하고 있는 경우라면 최대한 빨리 전문가의 도움을 받는 것이 필요하겠다.

분리불안(separation anxiety)

부모로부터 분리되거나 또는 집에서 멀어지는 것에 대하여 나이에 부적절하게 통제하기 어려운 과잉 불안을 갖고 있는 것

DSM-Ⅳ에서는 분리불안을 "발달적으로 부적절하고 과도한 불안이, 개인이 애착하고 있는 사람 또는 집으로부터의 분리에 관한 것으로 나타나는 것"이라고 하였다. 만약 당신의 자녀가 아래의 문항 중 세 가지 이상의 증상을 최소한 4주 이상 명백하게 보이고 있다면 전문가의 도움을 받아보는 것이 필요하다.

『APA의 DSM-Ⅳ 분리불안 장애 진단 준거』(1994)

1) 집 또는 주요 애착 인물로부터 분리될 때 또는 그것이 예상될 때 반복적으로 과도한 괴로움이 생긴다.
2) 주요 애착 인물의 상실 또는 손상이 일어날 때 지속적이고 과도한 걱정을 하게 된다.
3) 불운한 사건 때문에 주요 애착 인물과 분리되면 지속적이고 과도한 걱정을 하게 된다(예: 잃어버리거나 유괴당할 때).
4) 분리공포 때문에 학교나 그 밖의 다른 장소에 가는 것을 계속 거부하거나 저항한다.
5) 가정에서 주요 애착 인물이 없거나 다른 환경에서도 주요 성인이 없을 때 또는 혼자 있을 때, 지속적이고 과도한 걱정과 저항을 하게 된다.
6) 가까운 주요 애착 인물이 없거나 또는 집에서 멀리 떨어져서 잘 때 지속적이고 과도한 걱정과 저항을 하게 된다.
7) 분리의 주제를 포함하여 반복되는 악몽
8) 주요 애착인물로부터 분리가 이루어질 때 또는 그것이 예상될 때, 반복되는 불편한 신체 증상(예: 두통, 위통, 메스꺼움, 구토)

② 까다로운 기질

기질은 한 인간의 행동을 특징짓는 기본적인 행동양식이다(Thomas & Chess, 1977). Kagan(1994)은 기질을 생의 초기에 나타나는 행동적, 정서적인 반응으로 유전에 기초를 둔 안정적인 특성으로 정의한다. Thomas & Chess (1977)는 기질이 여러 차원으로 이루어져 있다고 하면서, 활동수준, 규칙성, 접근/회피 성향, 적응력, 반응의 발단점, 반응의 강도, 기분/감정 상태, 주의산만, 주의집중/지속성으로 구분하였고, Rothbart(1994) 등은 외향성/긍정적인 정서성, 부정적인 정서성/불안, 통제력으로 나누었다.

기질차원에 관한 연구들을 근거로 Thomas & Chess(1977)는 출생 후 아기의 기질을 쉬운 아기, 까다로운 아기, 천천히 반응하는 아기로 나누고 전체의 약 10% 정도의 아동이 까다로운 기질을 가지고 태어난다고 하였다. 이후로도 이 연구를 바탕으로 기질 유형에 관한 연구들이 국내외적으로 계속해서 이루어져 왔다(박성연, 1998; Kagan, Reznick & Gibbons, 1989; Kagan, 1994).

까다로운 기질에 속한 아이들은 신체적으로나 생리적으로 항상 각성되어 있어 조그만 자극에도 금방 반응한다. 잠자리가 바뀌면 잠을 안 자거나 깊게 못 자고, 음식을 먹지 않거나 매우 불규칙적으로 먹는다. 조그만 일에도 심하게 울고, 달래기도 힘들다.

순한 아이들은 낯선 사람이나 환경에 잘 적응하지만 까다로운 기질의 아이들은 낯선 교육기관(유치원이나 어린이집)이나 낯선 선생님, 그리고 다양한 성격과 기질을 가진 또래들에 적응하는 데 시간이 더 걸리고 예민할 수 있다. 낯선 화장실, 낯선 교실, 낯선 버스, 이 모든 것이 이 기질의 아이들에게 스트레스 요인이 될 수 있기 때문이다.

부모용 유아 기질 검사

이 검사는 자녀가 일상생활에서 어떤 방식으로 행동하는가를 보기 위한 도구입니다. 다섯 단계 중 가장 가까운 단계를 선택하십시오(숫자와 상관없이 가장 왼쪽이 전혀 아님~오른쪽이 언제나).

전혀 아님	거의 아님	가끔씩	자주	언제나
1	2	3	4	5
5	4	3	2	1

리듬성

1. 매일 거의 같은 시간에 변을 본다.   1.2.3.4.5

2. 거의 같은 시간에 간식을 먹겠다고 한다.   1.2.3.4.5

3. 밤에 잠자리에 든 후 잠이 드는 시간이 매일 같다.   1.2.3.4.5

4. 주말이나 휴일에는 깨워 주지 않아도 비슷한 시간에 혼자 일어난다.   1.2.3.4.5

5. 수면 시간이 불규칙적이어서 어느 날은 적게 잔다.   5.4.3.2.1

6. 매일 다른 시간에 배가 고프다고 한다.   5.4.3.2.1

7. 식사량이 일정하지 않아서 어느 날은 많이 먹고, 어느 날은 먹지 않는다.   5.4.3.2.1

점수합산:

접근회피성

1. 새로운 음식을 먹어 보는 것을 좋아한다.   1.2.3.4.5

2. 놀이터나 낯선 곳에 가서 처음 보는 아이들과 금방 어울린다.   1.2.3.4.5

3. 가족과 함께 여행 갔을 때 새로운 상황에 곧바로 적응한다.   1.2.3.4.5

4. 모르는 사람이 집을 방문했을 때도, 다가가서 이내 친해진다.   1.2.3.4.5

5. 낯선 어른들 앞에서 부끄러워한다.   5.4.3.2.1

6. 처음 보는 아이를 만나면 수줍어한다.   5.4.3.2.1

                                                점수합산:

적응성

1. 전에 싫어했던 음식도 이제는 먹는다.   1.2.3.4.5

2. 다른 사람의 집을 한두 번 방문하고 금방 친숙함을 느낀다.   1.2.3.4.5

3. 낯선 어른 앞에서 처음에는 부끄러워하나 곧(대략 30분 이내) 친숙해진다.   1.2.3.4.5

4. 유치원에 갈 수 없게 되거나 일상생활에 변화가 생기는 등 하루
   일과에 변화가 생기더라도 새로운 일과에 쉽게 적응한다.   1.2.3.4.5

5. 초등학교에 빨리 가고 싶어 한다.   1.2.3.4.5

6. 이발, 빗질, 목욕 같은 것을 싫어하는데, 이 싫어하는 반응이 없어질
   때까지는 오래 걸린다.   5.4.3.2.1

7. 부모와 함께 집을 떠나 있을 때 새로운 곳의 잠자리에서 며칠씩이나
   잠을 자지 못한다.   5.4.3.2.

8. 유치원이나 놀이방 같은 새로운 상황에 처하면 며칠이 지나도
   불안해한다.   5.4.3.2.1

                                                점수합산:

반응강도

1. 좋아하는 음식은 아주 좋아하고, 싫어하는 음식은 아주 싫어한다.   1.2.3.4.5

2. 어떤 일에 화가 나면 집어 던지고, 울고, 소리 지르고 혹은 문을 땅 닫는다.   1.2.3.4.5

3. 아이를 시장이나 백화점에 데리고 갔을 때 자기가 원하는 사탕,
   놀잇감 따위를 사 주지 않으면 크게 울고, 떼를 쓴다.   1.2.3.4.5

4. 자기가 싫어하는 옷을 입히려 하면 심하게 반항하고 소리

   지르며 울어댄다.   1.2.3.4.5

5. 좋아하는 놀이를 못하게 하면 떼를 쓰거나 잠시 우는 정도로 그친다.   5.4.3.2.1

6. 부모가 꾸짖거나 야단을 칠 때 울거나, 소리를 지르는 등 심하게

   반항하기보다는 흐느낀다든지 약하게 불평하는 정도로 그친다.   5.4.3.2.1

                                                              점수합산:

기분

1. 친구들과 잘 어울려 논다.   1.2.3.4.5

2. 하루 동안 일어난 일에 대해 즐겁게 이야기한다.   1.2.3.4.5

3. 부모와 함께 외출하는 것을 좋아한다.   1.2.3.4.5

4. 초등학교에 빨리 가고 싶어 한다.   1.2.3.4.5

5. 친구들과 놀면서 자주 다툰다.   5.4.3.2.1

6. 자기가 좋아하는 놀잇감이 망가지거나 놀이가 망쳐지면 많이 속상해한다.   5.4.3.2.1

7. 다른 아이와 다투고 집에 들어오면 부모 앞에서 그 아이에 대한 불만을

   늘어놓는다.   5.4.3.2.1

                                                              점수합산:

* 까다로운 기질

기분, 적응성, 접근 회피성 및 리듬성에서 점수가 각각 13점 이하, 반응강도 27점 이상

* 순한 기질

기분, 적응성, 접근 회피성 및 리듬성 점수가 각각 27점 이상, 반응강도가 13점 이하에

속하는 경우

Thomas & Chess(1997)를 원영미(1990)가 번역하고 문정명(1998)이 수정 보완

③ 사회성 부족

유아기의 대표적 발달과업 중의 하나가 사회성을 기르는 것이다. 새로운 친구를 사귀고, 함께 놀이하고, 선생님과 관계를 맺는 데에는 사회적인 능력이 필요하다. 그런데 아직 사회적 기술이 서툰 유아기의 경우 이러한 '관계 맺기'에 어려움을 호소하고, 이로 인해 등원을 거부하는 현상을 보일 수 있다.

사회성은 앞서 말한 성장환경에 따라 그리고 아동의 기질에 따라 혹은 사회적인 기술(social skill)의 성숙도에 따라 달라질 수 있다. 최근에는 유아기와 아동기 아동을 위한 구체적인 사회성 훈련 프로그램들이 많이 연구·개발되어 교육과 상담 현장에서 사용되고 있다. 유아기의 경우 교육커리큘럼 안에 직접적으로 사회성 발달을 목표로 하는 수업내용들을 포함시키기도 한다. 이러한 활동들에는 사회적 능력(Social Competence)의 신장을 돕거나, 구체적인 사회적 기술(Social skill)을 훈련하는 내용들을 포함시켜 유아들로 하여금 성숙한 대인관계의 기초를 형성하도록 한다.

유아기에 사회성의 토대를 제대로 닦지 않을 경우, 이후 발달단계에서 아동의 적응에 부정적인 영향을 계속해서 미칠 수 있다. 다른 심리적인 장애와 더불어 아동 및 청소년기의 또래관계에 영향을 미쳐 학교생활에 부적응을 초래할 수 있고, 경우에 따라서는 병리적인 양상으로 발전할 수도 있다.

유아교육기관(리틀소시에)의 사회성 관련 수업 장면

따라서 아동 및 청소년 상담현장에서는 특정 장애를 가진 아동들의 사회성 신장 프로그램들(예: ADHD 아동들의 사회기술 훈련, 사회불안 장애아동을 위한 사회성 프로그램 등)과 같은 보다 임상적인 접근이 많이 연구, 실시되고 있다. 이에 관하여서는 다음 장에서 구체적으로 설명하도록 하겠다.

표 4 사회성 평가도구

평가도구	검사 항목의 세부 내용
한국판 사회성숙도 검사	자조(self-help), 이동(기기능력부터 걷기까지의 능력), 작업(단순한 놀이에서 전문성 요하는 작업까지의 능력), 의사소통, 자기관리(금전사용, 구매, 경제적 자립 준비, 책임과 분별 있는 행동 및 독립성과 책임감), 사회화(사회적 활동, 사회적 책임, 현실적 사고)에 관한 문항들로 구성됨.
MESSY	교사 혹은 부모 보고형 검사, 문항은 사회적으로 촉진하는 행동과 촉진하지않는 행동에 대해 언어/비언어적 범위 내에서 고안되었고, 부적절한 주장성 및 충동성, 적절한 사회적 기술과 관련된 요인이 있음.
K-PIC 内의 사회관계 척도	또래 관계나 어른과의 관계 등 아동의 사회관계에서의 어려움을 측정하기 위한 것. 또래 관계에서의 소외, 리더십과 자신감의 부재, 대인관계에서의 불안이나 수줍음, 제한된 인내력과 포용력을 측정하는 21문항으로 구성. 이 척도의 상승은 다른 아동들로부터 비난과 거부를 받고 있음을 시사함.
K-CBCL 内의 사회능력 척도	친구나 또래와 어울리는 정도, 부모와의 관계 등의 사회성을 평가하는 사회성(Social Scale) 척도, 교과목 수행 정도, 학업 수행상의 문제 여부 등을 평가하는 학업수행척도(School Scale)의 두 개 척도와 총 사회능력 점수(사회성 척도와 학업수행 척도의 합으로 전체 사회능력 정도를 지수화함) 등 모두 세 개로 이루어짐.

아동의 사회성을 측정할 수 있는 검사로는 한국판 사회성숙도 검사(김승국·김옥기, 1985), Matson의 사회기술평가(Matson Evaluation of Social Skills: MESSY), 한국판 아동용 성격검사(Korean Personality Inventory for children:

K-PIC)의 임상 척도 중 사회관계 척도, 한국판 아동·청소년 행동평가척도(Korean Child Behavior Checklist: K-CBCL)의 사회능력 척도(Social Competence Scale) 등이 있다.

2) 환경적 요인

① 부모의 과잉보호 혹은 요구가 많고 비판적인 태도

부모의 과잉보호로 인해 스스로 문제를 해결해 본 경험이 적은 아동들은 자발성이나 자율성이 떨어진다. '이건 나 혼자서 못하는구나!'라는 생각이 배어 있다. 이러한 아이들이 처음 교육 기관에 가게 되면 아무래도 집에서보다 스스로 해야 할 일들(혼자서 밥 먹기, 대소변 해결하기 등)이 많아지기 때문에 교육기관에서의 일상적인 일들도 스트레스로 다가올 수 있다. 반면에 자녀의 실수나 결점에 유난히 신경을 쓰는 부모는 자녀에 대해 요구가 많고 비판적이다. 이런 부모는 아이가 잘하는 것에는 관심이 없고 주로 아이가 잘하지 못하는 것에만 관심을 가진다.

부모의 진짜 마음은 아이가 더 나아지기를 바라고 있고 요구나 비판 역시 아이를 돕겠다는 의지에서 나오는 것들이지만 이렇게 숨어 있는 진심은 아이들에게 전달되기 힘들다. 과잉보호형 부모의 자녀들은 혼자 할 수 있는 일이 무엇인지 알 기회가 없는 반면, 비판적 부모 밑에서 자라는 아이들은 자기가 못하는 것이 무엇인지 너무나 잘 알고 있다. 이 양쪽 모두 아동의 자신감 및 자아정체감을 약화시키고 결과적으로 낯선 상황과 새로운 환경에 쉽게 두려움을 갖도록 한다.

아이의 진짜 세상은 부모의 품을 벗어났을 때 펼쳐진다.

삶이란 헤어지고 다시 만났다가 사라지는 과정의 연속이다. 그러나 그 모든 것의 시작에는 엄마와 아이가 한 몸을 이루는 융합의 경험이 자리하고 있다. 아이는 융합의 과정과 엄마와의 첫 관계를 통해 세상을 정복해 나갈 힘과 자신감을 길러낸다. 그러나 아이의 진짜 세상은 부모의 품을 벗어났을 때 펼쳐진다. 융합 이후에 겪게 되는 모든 과정은 사실상 끝없는 이별의 연속이라고 할 수 있다.

모태와의 이별, 엄마 품과의 이별, 청결의 개념을 배워 나가면서 어쩔 수 없이 떼어내야 하는 자신의 일부분에 이르기까지……. 유아기는 따뜻함으로 감싸인 단단한 요새와 같은 시기이다. 이 시기에는 철저하게 보호받는 만큼 자신감으로 넘친다. 그러나 진짜 세상은 요새 바깥의 도랑 너머로 펼쳐진다. 부모는 자녀가 고립 상태에서 벗어나 놀라운 일들이 벌어지고, 때로 위험하기까지 한 바깥세상과 대적할 수 있도록 중간에서 다리 구실을 해 줘야 한다.

우리는 아이들이 전능하지 않으며, 아이들이 세상과의 싸움에서 반드시 이긴다는 보장도 할 수 없다는 사실을 알고 있다. 그렇지만 아이들을 믿어 주고, 원하면 언제든지 다시 요새로 돌아올 수 있다는 신념을 심어 주어야 한다. 행여 아이들이 돌아오지 않을까, 우리를 잊지나 않을까 두려워할 필요는 없다. 이 세상 어느 누구도 어린 시절을 떨쳐버릴 수는 없기 때문이다.

온전한 사랑은 아이의 독립성을 해치지 않는다

고통 없이 이별이 있을 수 있는가? 없다. 우리는 다만 방어 기제를 발동해서 이별에 따르는 고통을 가능한 한 줄이려고 할 따름이다. 아이의 독립도 마찬가지이다. 한몸이었던 엄마와 아이가 떨어지려면 그만큼 세심한 노력이 필요하다.

부모가 할 일은 아이가 조금이라도 자율적인 움직임을 나타낼 때 추월하려 하지 말고 세심하게 지켜봐 주는 것이다. 아이의 행동에 주의를 기울이고 존중하며, 아이가 부모에게 속한 존재가 아니라는 사실을 받아들일 줄 알아야 한다.

다시 말해 부모는 아이가 미래를 향해 도약하기 위한 버팀목이자 발판 구실을 해야 한다. 사랑이 영원히 지속되길 바란다면 그 사랑이 변화할 수 있도록 내버려둘 줄 알아야 하며, 파열과 갈등, 부재, 단절과 소멸 따위도 견뎌낼 줄 알아야 한다.

관계가 끊기지 않고 버텨 나갈 수 있게 하려면 사랑을 느슨하게 대할 줄도 알아야 한다. 온전한 사랑이라면 아이의 독립성을 훼손하지 않고 북돋워주는 방향으로 이루어져야 한다. 독립성의 이면에는 개인의 자유라는 문제가 숨어 있기 때문이다.

따라서 아이를 사랑한다는 말은 자녀가 부모와의 결별을 통해서 자기 자신의 자아를 공고히 하고, 또 행동이나 생각에서 자율성을 드러내도록 해 준다는 것이다. 부모에게 아이의 독립보다 좋은 일이 또 있을까?

출처: 마르셀뤼포, 「엄마 나를 놓아주세요」 서문 中

② 부모의 불안

자녀가 부모를 떠나 처음으로 단체생활을 한다는 것은 자녀뿐 아니라 부모 역시 불안하게 할 수 있다. 이때 부모의 불안이 자녀에게 투사(projection)되면 아이를 더욱 힘들게 할 수 있다. 또한 아이의 불안 증세에 대하여 부모가 너무 많은 관심을 기울이면 아이의 증세가 오히려 심해지는 경우도 있다. 의도하지 않게 자녀의 불안을 부추긴 것이다. 아이는 부모를 관찰하고 부모나 형제자매, 가까운 성인들의 행동방식을 눈여겨보아 학습한다. 어른이 무서워하는 것은 아이도 무서워하는 경우가 그 예이다. 강아지를 보면 기겁을 하는 엄마가 있는 아이는, 강아지를 보고 태연하기가 쉽지 않을 것이다. 자녀의 적응행동 과정에 지나치게 예민하게 신경을 쓰거나 적응 과정에서 보이는 아이의 울음이나 불안 행동 등에 과도하게 반응하다 보면 아이들은 단지 어른들의 행동 방식을 관찰하는 데 그치지 않고, '유치원에 가는 것은 엄마의 저 표정과 어조만큼 불안한 것이구나~'를 배우게 된다. 다시 말해, 아이들은 부모의 행동방식을 통해 아동이 접한 새로운 환경이나 사물을 두려워해야 하는가 그렇지 않은가를 배우고 있다는 것이다.

③ 성장 환경

어린 시절부터 다른 아이들과 함께 보낸 시간이 많고, 부모가 성숙하고 다양한 대인관계를 맺어 모델링이 되어 준 가정의 아이들이 그렇지 않은 가정의 아이들보다 사교적일 수 있으며, 낯선 사람에 대한 두려움이 더 적다. 반면 성장과정에서 사회적 경험이 부족한 아이들은 첫 교육기관인 유치원이나 어린이집에서 더 많은 불안을 느낄 수 있다.

외동이의 경우 형제아들의 일상생활 경험인 필연적인 '나눔'과 '의견조절' 상황에 비교적 덜 접하게 되므로 초기 대인관계에 취약해질 소인을 갖고 있고, 이는 교육기관의 적응에 영향을 줄 수 있다.

④ 끔찍한 교사

그렇지 않기를 바라지만 교육현장에 아이들의 행동을 지나치게 통제하는 교사나 인격적인 자질이 부족한 교사가 있을 수 있다. 사실 아이들이 선생님 때문에 교육기관에 가기 싫어한다는 것은 부모로서 참으로 어렵고 신중한 문제이다. 때로는 등교거부 현상을 보이는 아동에 대한 교사의 잘못된 대처(야단을 치거나 창피를 주는 등)가 아동의 불안과 공포를 더욱 악화시킨 사례도 있다. 외국의 경우에는 학교장이나 관할 교육청 혹은 변호사의 도움을 받는 경우도 있다고 하지만 우리 현실에서는 실질적으로 어려운 것이 사실이다. 이 경우는 무엇보다도 아동뿐 아니라 부모가 교사와의 대화 기회를 만드는 것이 중요하다. 구체적인 해결 방법을 위하여 전문적인 상담기관의 도움을 받는 것도 필요하다.

2. 아동기의 등교거부

1학년 여자아이를 둔 엄마입니다. 벌써 5월이 되었는데 저는 딸아이의 학교 입학 후 지금까지 날마다 등교 문제로 씨름을 합니다. 아침마다 학교에 가기 싫다고 하고, 심지어는 배가 아프다고 뒹굴기도 합니다. 억지로 학교에 데려다 놓으면 머리가 아프다거나 배가 아프다고 하면서 조퇴를 합니다.
걱정되는 마음에 대학병원의 소아과까지 가서 여러 가지 검사를 해 보았지만 아무

문제도 없다고 합니다. 우리 아이에게 무슨 문제가 있는 걸까요?

1) 개인적 요인

① 미해결된 분리불안 문제

등교거부를 시작하게 된 원인에는 여러 가지가 있겠지만, 일반적으로 초등학교 저학년의 경우는 앞서 살펴본 유아기와 같이 부모와 떨어지기를 두려워하는 '분리불안'이 주원인일 때가 많다. 본인은 어렸을 적 입술 주변이 붉어지고 물집이 생기는 구순포진으로 고생한 적이 있다. 처방받은 연고를 며칠 바르고 다 나은 듯싶었는데, 그때 이후 성인이 된 지금까지 몸이 피곤하거나 생활에 리듬이 조금만 깨지면 어김없이 입술 주변, 어렸을 때 처음 물집이 생겼던 그 자리에 다시 포진이 나타난다. 포진을 일으키는 바이러스에 한 번 노출되면 우리 몸에서 완전히 없애기 힘들다고 한다.

아동들이 가지고 있는 심리적인 문제도 마찬가지이다. 분리불안이 해결되지 않은 상태에서 유치원 시기를 힘겹게 보낸 아동이라면 초등학교에 입학 후 또다시 등교거부 증상을 보일 수 있다. 초등학교는 유치원보다 더 엄격한 규율이 적용되는 경우가 많다. 수업시간과 쉬는 시간이 구별되어 있고, 수업도 책상에 앉아서 진행되며, 유치원보다 학급의 아동수가 더 많아진다.

이러한 새로운 교육환경 속에서 아동의 긴장도는 상승하게 된다. 그렇게 되면 아동 내면의 연약한 부분이나 해결되지 않은 과제들이 수면으로 떠오르게 마련이다. 이번에도 완전히 해결하지 못한다면 분리불안 문제는 보다 병리적인 형태로 이후 발달단계 적응에 영향을 줄 것이다.

② 일반화된 불안

일상생활에 큰 지장을 주지 않는 약간의 걱정은 정상적인 정서상태의 일부라 할 수 있다. 그러나 끊임없이 사소한 일에 대해 걱정과 불안을 과도하게 나타내는 일반화된 불안장애를 갖고 있는 아동들은 이런 걱정을 멈출 수가 없어서 종종 등교를 거부하기도 한다. 엄마가 감기에 걸렸는데 혹시 내가 학교에 가 있는 동안 병이 무척이나 심해질까 봐, 출장가신 아빠가 돌아오지 못하고 사고를 당할까 봐, 어제 짝꿍에게 무심코 던진 말이 그 친구에게 너무나 상처가 됐을까 봐 학교에 갈 수 없다. 이런 경우는 유전적으로 불안에 위약한 경우가 많다. 보통 불안 장애 아동과 청소년의 3분의 1 정도가 부모나 형제자매 역시 불안 증세를 보인다고 한다.

일반화된 불안 장애를 가지고 있는 아동들의 특징은 일상적인 문제들에 관해 비현실적인 걱정을 하고, 자신들이 두려워하는 것을 통제할 수가 없다. 이들은 짜증이 많고 심한 긴장, 구토증, 통증, 집중력 장애와 같은 모습을 보이며 완벽주의 성향이 강하다. 그리고 자신들을 안심시켜 주기 바라는 질문을 자주 반복한다. 그리고 이러한 정서적 문제(학교를 갈 수 없는 그들만의 커다란 걱정거리)는 이들에게 등교거부의 강력한 이유가 된다.

③ 아동기 우울증

아동기의 우울증 역시 등교거부의 원인이 될 수 있다. 우울한 감정이 아동의 일상 및 학교생활, 사회적 관계, 학업수행 및 전반적인 기능을 방해할 수 있기 때문이다. 또한 아동의 우울증은 성인의 그것과 달리 자신의 감정을 직접적으로 이야기하기보다는 행동을 통해 표현되기 때문에 상대적으로 쉽게 진단내리기가 어렵다. 아동들이 우울한 때를 안다는 것은 쉬운 일이 아니므로 슬픔이나 불행함에 대해 불평하지 않거나 인식하지도 않는 것 같아 보인다. 이들은 주로 '철회(withdraw)'나 '성마름'으로 증상이 표출될 때가 많다.

이전에 친구들과 했던 재미있는 활동, 신나던 수업시간이 전혀 즐겁지 않고 무관심과 무감각이 권태로 나타날 수 있다. 또한 성마르거나 변덕스러워져서 또래와 논쟁이나 다툼을 하거나 잘 울고, 친구와 선생님을 힘들게 하거나 폭발적인 분노, 다른 사람의 화를 돋우기, 책임전가와 같은 '행동표출(acting out)'을 할 수 있다.

이렇듯 정서적 철회와 성마름으로 인한 관계의 훼손은 또래나 교사와의 부정적인 경험을 증가시켜 결국 학교에 가기 싫어지는 등교거부증에 이르게 한다. 아동기 우울증을 진단하는 대표적인 도구의 예로 CDI를 소개하면 아래 표와 같다. 이는 아동 스스로 체크할 수 있는 도구로, 총점이 50점 이상일 경우 전문가의 상담을 받아 볼 것을 권한다.

그 밖의 진단 방법으로 앞장에서 언급한 K-PIC 임상척도에서 우울척도가 상승하거나, K-CBCL의 문제행동 증후군 척도에서 우울/불안 척도(Anxious/ Depressed)가 상승한 경우에도 아동기 우울증을 의심해 볼 수 있다.

일반화된 불안장애에 대한 진단준거(GAD)

A. 과도한 불안과 걱정은 <u>최소한 6개월 미만 동안 매일 일어나는 것</u>이며, 일련의 사건과 활동(직장 또는 학교에서의 수행과 같은 것)에 대해서 지나치게 걱정하고 불안해한다.

B. 불안을 통제하는 것이 어렵다는 것을 발견한다.

C. 불안과 걱정은 다음 여섯 가지 증상 중 세 개 이상에 해당된다.

주의 아동에게 단 한 가지 항목이 요구된다.

(1) 휴식이 없고 벼랑 끝에 서 있는 듯한 감정

(2) 쉽게 피곤한 것

(3) 집중하기가 어렵고 마음이 공허한 것

(4) 과민성

(5) 근육긴장

(6) 수면 방해(잠들거나 계속 잠자기 어려운 것, 만족스럽게 잠자지 못하는 것)

D. 불안과 걱정의 초점은 축장애의 특징으로 규정할 수 없으며 다시 말해서 불안과 걱정은 급성 불안발작성 불안장애와 같은 것도 아니며, 대중 앞에서 당황해서 어쩔 줄 모르는 것(사회공포증)도 아니고, 강박장애와 같은 것도 아니며 집으로부터 또는 가까운 사람으로부터 떨어지는 것을 불안해하는 것(분리불안장애)도 아니며 체중과 관계된 것(신경성 식욕부진) 또는 복합적인 신체화 장애(somatization disorder) 또는 심기증(hypochondriasis)도 아니고 불안과 걱정이 외상 후 스트레스 장애 기간 중에만 일어나는 것도 아니다.

E. 불안, 걱정 또는 신체 증상은 사회적, 직업적 또는 다른 중요한 기능영역에서 임상적으로 중요한 괴로움이나 손상을 일으킨다.

F. 장애는 어떤 물질(약물남용, 약물치료)의 직접적인 생리적 결과, 또는 일반적인 의학적 조건(갑상선 기능 항진증)에 기인하는 것이 아니며 기분장애, 정신증적 장애, 또는 전반적 발달장애 중에서만 일어나는 것도 아니다.

출처: APA의 DSM-IV(1994)

다음에는 각 문항마다 여러 가지 느낌과 생각들이 적혀 있는 문장들이 있습니다. 그중에서, 지난 2주 동안의 나를 가장 잘 나타내어 주는 문장을 하나 골라 주십시오. 여기에는 정답이 있는 것은 아닙니다. 단지 자신을 가장 정확하게 표현하는 문장을 하나 골라 주시면 됩니다. 왼쪽 번호에 표시하여 주십시오.

1. ① 나는 가끔 슬프다.
   ② 나는 자주 슬프다.
   ③ 나는 항상 슬프다.

2. ① 나에게 제대로 되어 가는 일이란 없다.
   ② 나는 일이 제대로 되어갈지 확신할 수 없다.
   ③ 나에겐 모든 일이 제대로 되어갈 것이다.

3. ① 나는 대체로 무슨 일이든지 웬만큼 한다.
   ② 나는 잘 못하는 일이 많다.
   ③ 나는 모든 일을 잘 못한다.

4. ① 나는 재미있는 일들이 많다.
   ② 나는 재미있는 일들이 더러 있다.
   ③ 나는 어떤 일도 전혀 재미가 없다.

5. ① 나는 언제나 못됐다.
   ② 나는 못됐을 때가 많다.
   ③ 나는 가끔 못됐다.

6. ① 나는 가끔씩 나에게 나쁜 일이 일어나지 않을까 생각한다.
   ② 나는 나에게 나쁜 일이 일어날까 걱정한다.
   ③ 나는 나에게 무서운 일이 일어나리라는 것을 확신한다.

7. ① 나는 나 자신을 미워한다.
   ② 나는 나 자신을 좋아하지 않는다.
   ③ 나는 나 자신을 좋아한다.

8. ① 잘못되는 일은 모두 내 탓이다.
   ② 잘못되는 일 중 내 탓인 것이 많다.
   ③ 잘못되는 일은 보통 내 탓이 아니다.

9. ① 나는 자살을 생각하지 않는다.

  ② 나는 자살에 대하여 생각은 하지만, 그렇게 하지는 않을 것이다.

  ③ 나는 자살하고 싶다.

10. ① 나는 매일 울고 싶은 기분이다.

  ② 나는 울고 싶은 기분인 날도 많다.

  ③ 나는 때때로 울고 싶은 기분이 든다.

11. ① 이 일 저 일로 인해 늘 성가시다.

  ② 이 일 저 일로 인해 성가실 때가 많다.

  ③ 간혹 이 일 저 일로 인해 성가실 때가 있다.

12. ① 나는 사람들과 함께 있는 것이 좋다.

  ② 나는 사람들과 함께 있는 것이 싫을 때가 많다.

  ③ 나는 사람들과 함께 있는 것을 전혀 원치 않는다.

13. ① 나는 어떤 일에 대한 결정을 내릴 수가 없다.

  ② 나는 어떤 일에 대한 결정을 내리기가 어렵다.

  ③ 나는 쉽게 결정을 내린다.

14. ① 나는 괜찮게 생겼다.

  ② 나는 못생긴 구석이 약간 있다.

  ③ 나는 못생겼다.

15. ① 나는 학교 공부를 해내려면 언제나 노력하여야 한다.

  ② 나는 학교 공부를 해내려면 많이 노력하여야만 한다.

  ③ 나는 별로 어렵지 않게 학교 공부를 해낼 수 있다.

16. ① 나는 매일 밤 잠들기가 어렵다.

  ② 나는 잠들기 어려운 밤이 많다.

  ③ 나는 잠을 잘 잔다.

17. ① 나는 가끔 피곤하다.

  ② 나는 자주 피곤하다.

  ③ 나는 언제나 피곤하다.

18. ① 나는 밥맛이 없을 때가 대부분이다.

  ② 나는 밥맛이 없을 때가 많다.

  ③ 나는 밥맛이 좋다.

19. ① 나는 몸이 쑤시고 아프다든지 하는 것에 대해 걱정하지 않는다.

　 ② 나는 몸이 쑤시고 아픈 것에 대해 걱정할 때가 많다.

　 ③ 나는 몸이 쑤시고 아픈 것에 대해 항상 걱정한다.

20. ① 나는 외롭다고 느끼지 않는다.

　 ② 나는 자주 외롭다고 느낀다.

　 ③ 나는 항상 외롭다고 느낀다.

21. ① 나는 학교생활이 재미있었던 적이 없다.

　 ② 나는 가끔씩 학교생활이 재미있다.

　 ③ 나는 학교생활이 재미있을 때가 많다.

22. ① 나는 친구가 많다.

　 ② 나는 친구가 좀 있지만 더 있었으면 한다.

　 ③ 나는 친구가 하나도 없다.

23. ① 나의 학교 성적은 괜찮다.

　 ② 나의 학교 성적은 예전처럼 좋지는 않다.

　 ③ 나는 예전에 무척 잘하던 과목을 요즈음 성적이 뚝 떨어졌다.

24. ① 나는 절대로 다른 아이들처럼 착할 수가 없다.

　 ② 나는 내가 마음만 먹으면 다른 아이들처럼 착할 수가 있다.

　 ③ 나는 다른 아이들처럼 착하다.

25. ① 나를 진심으로 좋아하는 사람은 아무도 없다.

　 ② 나를 진심으로 좋아하는 사람이 있을지 확실하지 않다.

　 ③ 분명히 나를 진심으로 좋아하는 사람이 있다.

26. ① 나는 나에게 시킨 일을 대체로 한다.

　 ② 나는 나에게 시킨 일을 대체로 하지 않는다.

　 ③ 나는 나에게 시킨 일을 절대로 하지 않는다.

27. ① 나는 사람들과 사이좋게 잘 지낸다.

　 ② 나는 사람들과 잘 싸운다.

　 ③ 나는 사람들과 언제나 싸운다.

총점:

④ 주의력 결핍 과잉행동 장애

EBS에서 방영하고 있는 유아 만화 <치로와 친구들>에는 찰리(Charlie)라는 꼬마 원숭이가 등장한다. 찰리라는 캐릭터는 '아는 척하기를 좋아하는 수다쟁이 원숭이로 자기 물건을 잘 잃어버린다'고 소개된다. 이 만화를 보고 있노라면, 찰리는 ADHD성향을 다분히 갖고 있는 꼬마 친구들을 생각나게 한다. 원숭이들은 활발히 움직이고 그 움직임도 매우 커서 이 나무에서 저 나무로 옮겨갈 때는 나뭇가지를 잡고 점프를 한다. 마치 과잉 행동으로 교실에서 가만히 앉아 있지 못하고 왔다 갔다 하거나 동작과 실수가 커서 우당 탕탕 소리를 내는 아이들처럼 말이다. 또한 만화 내용 중 찰리는 종종 물건을 잃어버리고 실수를 하는 등 부주의한 모습도 보여준다.

EBS 〈치로와 친구들〉 中에서

주의력 결핍 과잉행동 장애(Attention Defit-Hyperactivity Disorder: ADHD)란 주의산만, 과잉행동, 충동성의 세 가지 임상적 특징을 위주로 초기 아동(7세 이전)에게 발병하여, 만성 결과를 밟으며, 여러 기능 영역(가정·학교·사회)에 지장을 초래하는 매우 중요한 질병이다(안동현 외, 2004). 이 아동들은 '철없다', '극성맞다', '정신없다', '발발거리고 돌아다닌다' 등의 수식어가 어려서부터 따라다닌 경우가 많다. ADHD 아동들은 수업시간에 손발을 가만두지 않거나, 자리에서 가만히 있지를 못한다. 적절하지 않은 상황에서 지나치게 달리거나 혹은 기어오른다. 자주 지나치게 말을 많이 하고, 다른 친구들에게 무턱대고 끼어든다. 선생님의 질문이 끝나기도 전에 대답해 버리는 수가 많고 조용한 놀이를 힘들어한다. '우리 아이에게는 마치 모터가 달려 있는 것 같아요'라고 말하는 부모도 있다.

이 장애를 가진 아동들은 틱 및 뚜렛 장애나 주요 우울증, 학습장애, 품행장애, 반항장애, 불안장애, 신체 및 신경학적 이상들이 공존해 나타나는 경우가 많다. 이러한 이유들은 ADHD 아이들이 학교생활에 어려움을 겪게 할 수밖에 없고, 수업 또는 학교 자체를 거부하는 등교거부 현상을 가져올 수 있다.

ADHD를 진단하기 위한 검사도구는 부모평정척도로서 K-CBCL, 코너스 부모용 평정척도 개정판(Conners Parent Rating Scale-Revised: CPRS-R; Goyette, Conners & Ulrich, 1978) 및 코너스 교사용 평정척도 개정판(Conners Teacher Rating Scale-Revised: CTRS-R; Goyett et al., 1978), 학교상황 질문지(School Situation Queationnaire: SSQ; Barkely, 1987) 등이 있으며, 그 밖의 검사로서 지속수행검사(continuous performance test: CPT-실험실에서 각성도나 주의집중력을 측정), 최근 국내에서 많이 사용하는 토바검사(T.O.V.A), 그리고

국내에서 개발된 주의력장애 진단검사(ADS), 웩슬러지능검사 등이 있다. 그 밖의 신경심리검사들로는 위스콘신 카드분류검사(Wisconsin Card Sort Test; Grant & Berg, 1948), 스트룹 검사(Stroop Word-Color Association Test; Stroop, 1935)가 있고 행동관찰이나 면담을 함께 진행하는 경우가 많다.

• 코너스 단축형 증상질문지(Conners Abbreviated Symptom Questionnaire: ASQ)

각 문항을 읽고 당신의 자녀(혹은 학생)가 얼마나 그러한지 해당하는 곳에 표시해 주십시오.				
	전혀 없음	약간	상당히	아주 심함
1. 차분하지 못하고 지나치게 활동적이다.	0	1	2	3
2. 쉽사리 흥분하고 충동적이다.	0	1	2	3
3. 다른 아이들에게 방해가 된다.	0	1	2	3
4. 한번 시작한 일을 끝내지 못한다-주의집중 시간이 짧다.	0	1	2	3
5. 늘 안절부절못한다.	0	1	2	3
6. 주의력이 없고 쉽게 주의분산이 된다.	0	1	2	3
7. 요구하는 것이 있으면 금방 들어주어야 한다.	0	1	2	3
8. 자주 또 쉽게 울어버린다.	0	1	2	3
9. 금방 기분이 확 변한다.	0	1	2	3
10. 화를 터트리거나 감정이 격하기 쉽고, 행동을 예측하기 어렵다.	0	1	2	3

총점이 남자는 15점, 여자는 16점 이상일 때, ADHD 가능성이 있으므로 전문가와 상담이 필요하다.

2) 환경적 요인

① 새 학기 증후군

학년이 바뀌거나 방학을 마치고 새로운 학기가 시작될 때에는 '새 학기 증후군'과 맞물려 일시적인 등교거부 현상이 나타날 수 있다. 학교 적응에 대한 스트레스뿐 아니라 새로운 친구, 새로운 학과 공부, 새로운 선생님 등 낯선 것에 대한 부담감이 상승하기 때문이다. 그러나 이는 낯선 환경에 대한 적응이 어느 정도 이루어지는 5~6월이 되면 등교거부와 관련된 행동들이 사라지는 경우가 많다. 학년의 진급이 아니더라도 전학으로 인해 낯선 환경에 대한 스트레스를 받아 등교거부를 하는 경우도 있다.

② 학업 스트레스 및 또래 관계 스트레스

한편 학년이 올라가 아동 후기가 되어 갈수록 학업에 대한 스트레스, 시험에 대한 스트레스, 자신을 괴롭히는 아이들에 대한 두려움 등 '학업 문제'와 '또래 관계'가 원인이 되는 등교거부증이 많이 나타난다. 특히 우리나라의 대부분의 학교 및 사교육은 대학입시에 초점이 맞추어져 있으며, 이를 위한 준비를 시작하는 연령도 점점 낮아지고 있다. 수험생은 대입준비를 하는 고교생들뿐만이 아니다. 특목고나 국제 고등학교 진학을 원하는 중학생, 그리고 최근 일부에서는 초등학교 4, 5학년부터 국제중학교 입시를 준비한다고 한다. 이처럼 어린 연령의 아이들에게까지 '입시'라는 압박이 생기다 보니 동네어귀에서나 놀이터에서 '놀고 있는 아이들'을 만나기란 쉽지 않다. 심지어는 아이에게 친구를 만들어 주고 싶어서 학원에 보낸다는 학

부모도 있다. 2002년 11월에는 한 초등학생이 학업 스트레스로 자살을 한 사건이 발생해 사회적 문제가 되기도 하였다. 이렇듯 극심한 학업 스트레스는 등교거부의 결정적인 원인이 될 수 있다.

> "죽고 싶을 때가 많다. 어른인 아빠는 (이틀 동안) 20시간 일하고 28시간 쉬는데, 어린이인 나는 27시간 30분 공부하고 20시간 30분 쉰다. 왜 어른보다 어린이가 자유시간이 적은지 이해할 수 없다."
> "숙제가 태산 같다. 11장의 주말 과제, 14장의 수학 숙제, 난 그만 다니고 싶다. 물고기처럼 자유로워지고 싶다."
>
> 학업 스트레스로 자살한 정모군의 일기장 中(『문화일보』, 2002. 11. 11.)

부모와의 분리가 이루어지고 아동 후기가 되면 점차 부모만큼이나 동성 친구에 대한 의존성과 영향력이 높아진다고 한다(최용주, 1992). 이 시기에 자신감의 부족이나 사회기술 부족 혹은 그 밖의 이유로 친구관계에 문제가 생기게 되면, 아동에게 학교생활은 가장 큰 스트레스 원이 될 수 있고 이로인해 등교를 거부하는 현상을 가져올 수 있다.

그 밖에도 생활의 중대한 변화는 학교에 가기 싫은 마음을 가져올 수 있다. 예를 들어 친밀한 사람이나 동물의 죽음, 친밀한 사람이나 본인의 사고 또는 질병, 전학 혹은 반이 바뀜, 동생의 출생, 끔찍한 일-강도나 교통사고 같은 트라우마(trauma)-를 당함, 부모의 이직 등이 그것이다.

3. 청소년기의 등교거부

아동기가 지나 청소년기가 되면 또래관계와 학교생활의 영향을 어느 때보다 많이 받게 된다. 정만일(2004)의 연구에서 청소년기 등교거부의 원인으로 학교생활의 영향이 가장 많이 나타났고 그다음으로 개인적인 문제, 가정생활 영향의 순으로 나타났다. 학교생활에서도 특히 학업 스트레스, 학업 성취에서의 좌절, 교사와의 관계에서의 어려움, 그리고 또래관계에서의 어려움으로 인한 스트레스 등을 그 주요 요인으로 꼽았다.

1) 개인적 요인

① 학업 스트레스

청소년보호위원회의 조사(2003)에 따르면 59.5%의 청소년이 공부와 학업성적에 대한 걱정을 하고 있는 것으로 나타났다. 한국의 교육현실 및 이로 인한 스트레스를 다룬 영화나 드라마들은 이미 1980년대부터 등장하기 시작하였으며, 최근에 이르기까지 끊임없이 제작되고 있다. 학업 스트레스는 한국에서 공부하는 중·고등학생이라면 누구나 공감할 수 있는 소재이기 때문이다.

구체적으로 학업 스트레스는 성적 저하에 의한 정서적 불안(심한 좌절감이나 불안감, 부모의 질책으로 인한 심리적 충격), 그리고 시험 자체에 대한 불안, 학업에 대한 반감이나 동기 부족(부모나 교사의 과도한 학업 압력에 대한 반발이나, 자신의 관심 분야에 더 큰 가치를 부여하는 경우), 학업 능률의 저하(노력을 해도 성적이 오르지 않는 경우, 학습 습관의 부적절성과 비효율적 학습 방법으로 인함) 등으로 표현될 수 있다.

학업스트레스에 취약한 아동의 경우, 지나친 긴장감, 부담감, 그리고 결과에 대한 좌절감 등으로 인해 등교를 거부하는 현상을 보일 수 있다.

아래 제시한 표는 청소년 스스로가 자신의 학업 스트레스 정도를 체크해 볼 수 있는 척도(이보영, 2006, 재인용)로, 점수가 높을수록 학업 스트레스를 많이 받고 있는 것으로 볼 수 있으며, 75점 이상일 경우 평균 이상의 스트레스를 보이므로 전문가와 상담이 필요한 경우라 할 수 있다.

• 학업 스트레스 척도

다음을 잘 읽고 본인에게 해당되는 사항에 체크해 주십시오. ① 전혀 그렇지 않다 ② 약간 그렇다 ③ 보통으로 그렇다 ④ 많이 그렇다 ⑤ 아주 많이 그렇다					
1. 시험이라는 것을 생각만 해도 불안하다.	①	②	③	④	⑤
2. 친구와의 경쟁에서 뒤질 것 같아 불안하다.	①	②	③	④	⑤
3. 나보다 공부 잘하는 형제, 자매로 인해 열등감을 느낀다.	①	②	③	④	⑤
4. 나는 공부하기가 싫다.	①	②	③	④	⑤
5. 지나친 경쟁 속에서 살아가는 것이 싫증난다.	①	②	③	④	⑤
6. 나는 성적이 노력한 만큼 나오지 않는다.	①	②	③	④	⑤
7. 수업 내용이 이해 안 되는 것이 많아 힘들다.	①	②	③	④	⑤
8. 학교생활이 지겹고 고되다.	①	②	③	④	⑤
9. 나는 학교 성적이 조금만 떨어져도 부모님으로부터 꾸중이나 핀잔을 듣는다.	①	②	③	④	⑤
10. 나는 공부를 할 때 주의집중이 잘 안 된다.	①	②	③	④	⑤
11. 성적에 대한 부담감이 항시 나를 짓누른다.	①	②	③	④	⑤

12. 주위에 유혹이 많아 공부하기 힘들다(텔레비전, 컴퓨터, 휴대폰, 만화책 등).	①	②	③	④	⑤
13. 학원이나 과외 공부 등을 해야 하는 것이 싫지만 그만둘 수도 없다.	①	②	③	④	⑤
14. 내가 바라는 것만큼 시험을 잘 치지 못한다.	①	②	③	④	⑤
15. 나는 친구들에게 나의 성적과 공부 방법을 솔직히 이야기하지 못한다.	①	②	③	④	⑤
16. 나는 효과적으로 공부하는 방법을 몰라 걱정이다.	①	②	③	④	⑤
17. 도저히 극복할 수 없는 교과목이 있다.	①	②	③	④	⑤
18. 선생님이 공부 잘하는 아이와 차별대우한다.	①	②	③	④	⑤
19. 나는 수업시간에 질문과 지적을 당할까 불안하다.	①	②	③	④	⑤
20. 나의 학습 능력에 한계를 느낀다.	①	②	③	④	⑤
21. 부모님은 나의 성적에 너무 큰 기대를 하셔서 부담스럽다.	①	②	③	④	⑤
22. 공부 때문에 수면시간이 부족하고 항상 피곤하다.	①	②	③	④	⑤
23. 수업시간이 재미없고 지루하다.	①	②	③	④	⑤
24. 공부할 내용이 너무 많아 힘들다.	①	②	③	④	⑤
25. 수행평가가 너무 많고 힘들다.	①	②	③	④	⑤
총점					

② 우울

청소년기는 신체적·인지적·정서적으로 커다란 변화를 가져오는 시기인 만큼 감정이 유동적이 되기 쉽고, 그로 인해 다른 발달 시기보다 충동적 행동을 보이거나 일시적인 무력감 또는 우울감을 경험하기도 한다. 그러나 정상 범주를 벗어나는 무력감이나 우울감은 등교거부의 한 원인이 되기도 한다.

청소년기에 보고되는 우울감은 주요 우울증으로 진단되기에는 증상이

미약하고 안정적으로 증상이 유지되지 않는 특성이 있는데, 이를 '가면 우울'이라고 하기도 한다.

슬픔이나 낙심 등의 우울 증상이 성인의 그것과 같지 않고 우유부단, 음주, 약물사용, 집중력 저하, 학교 성적 저하, 가출, 등교거부 등 반사회적 행동이나 비행 등의 증후로 나타남으로써 진단하기가 어렵고, 전혀 다른 문제로 인식되는 경우가 많다. 우울증 청소년의 경우 모든 활동에 의욕과 흥미를 잃고 아침에 일어나는 것이 어려우며, 집중력이 저하되어 학교에 가더라도 힘든 시간을 보내며 이로 인해 등교를 거부한다.

③ 대인관계 예민성

대인관계에 극도로 예민한 경우 역시 또래 관계 스트레스를 높이고, 이것이 학교를 가기 싫게 하는 원인이 되는 경우도 있다. 대인관계 예민성(Interpersonal Sensitivity)이란 인간관계에서 나타나는 정신건강의 수준을 의미하는 것인데, 타인과의 관계에서 나타나는 불편감, 부적절감, 열등감의 정도를 말한다.

대인관계 예민성이 높은 청소년은 부정적인 자기 개념에서 시작되어 위협적인 단서에 대한 선택적인 민감성, 다른 사람에 대한 부정적인 지각, 그리고 타인의 애매하고 위협적이지 않은 행동까지도 자신을 향한 의도적이고 적대적인 행동으로 해석하는 편향, 부정적인 상황의 원인을 다른 사람에게 돌리는 경향이 있다(이훈진, 2000).

이런 성향이 병리적인 수준에 이르게 되면 성인이 되어 편집성(Paranoid ideation: 타인에 대해 강한 불신과 의심을 지니고 적대적인 태도를 나타내어 사회적 부적응을 나타내는 특성)과 함께 심각한 정신 병리를 가져올 수 있으므로 주의

깊게 살펴보아야 한다.

④ 사회불안

지나치게 부끄럼(수줍음)을 타는 아이들도 등교를 거부할 수 있다. 정도가
심한 아이들은 사회불안(social anxiety) 혹은 사회공포증(social phobia)에
가깝다고 보는 임상가들도 있다.

DSM-Ⅳ에 따르면 사회공포증은 '한 가지 혹은 그 이상의 사회적 상황이나
활동 상황에 대한 현저하고 지속적인 두려움, 즉 개인이 친숙하지 않은
사람들이나 타인에 의해 주시되는 상황에 대한 두려움, 개인들은 자신들이
수치스럽거나 당혹스런 방식으로 행동할까 봐(또는 불안 증상을 보일까 봐)
두려워하는 장애'로 정의하고 있다(American Psychiatric Association, 1994).

이러한 불안을 겪는 일부 청소년에게는, 집에서는 말을 잘하는데 학교
에서는 한마디도 하지 않는 선택적 함구증이 나타나기도 한다. 사회적인
불안이 높은 학생은 수업시간에 대답하는 일, 다른 사람 앞에서 자기를
드러내는 일, 친구들 앞에서 밥을 먹는 일, 친구를 사귀는 일 모두가 꺼려지는
상황이 되며, 그 상황에서 겪는 아주 사소한 일조차 두려움이 될 수 있다.

이러한 이유의 등교거부아들은 자신이 속해 있는 사회에서 최소한의 관계
만을 유지한 채 생활하려 하는 은둔형 외톨이의 개념과도 연장선상에 있으
므로, 이들의 대인관계 단절과 사회적 철회 현상에 대한 개입이 시급하다.

大井正己(1981)는 우울 성향의 등교거부와 사회적 철회의 등교거부를 비
교하면 다음 <표 5>와 같다고 설명한다(김유숙·박진희·최지원, 2009).

사회공포증에 대한 진단

A. 낯선 사람과 있을 때 그리고 타인이 자신을 자세히 쳐다볼 때와 같은 한 가지 또는 그
   이상의 사회적 또는 실행적 상황에 대한 현저하고도 지속적인 공포. 개인은 굴욕 또는
   당황스러움을 느끼면서 그렇게 행동하는 것(불안 증세를 보임)에 대하여 두려워한다.
   주의: 아동에게, 친밀한 사람과 나이에 적절한 사회적 관계를 할 수 있다는 증거가
   있지만, 즉 성인과의 상호작용에서가 아니라 또래와의 장면에서 불안이 발생한다.

B. 두려운 사회적 상황에 대한 노출은 항상 불안을 유발하고 상황적으로 구속의 형태를
   취하거나 또는 급성 불안발작의 소인이 된다.
   주의: 아동에게 불안은 울음, 기질폭발, 얼어붙음, 또는 낯선 사람과의 사회적
   상황으로부터 위축되는 것

C. 개인은 공포가 과도하거나 이유가 없는 부당한 것이라는 것을 인식한다.
   주의: 아동에게는 이러한 모습이 없다.

D. 공포스러운 사회적 또는 실행적 상황을 회피, 또는 그 밖에 격렬한 불안이나 괴로움을
   참는다.

E. 두려운 사회적 또는 실행적 상황에 있어서 회피, 불안의 예견, 또는 괴로움은 사람의
   정상적인 일상생활, 직업적(학업적) 기능 또는 사회적 활동이나 관계를 현저하게
   방해받고, 또는 공포증에 관한 현저한 괴로움이 존재한다.

F. 개인은 18세 미만, 기간은 최소한 6개월이다.

G. 공포 또는 회피는 약물에 대한 직접적인 생리적 결과(예: 약물남용, 약물치료)나
   일반적인 의학적 조건에 기인하는 것이 아니며, 또 다른 정신장애(예: 광장공포증이
   없거나 있는 급성 불안장애, 분리불안장애, 신체 기형장애, 일반적인 발달장애,
   정신분열적인 성격장애)에 의해서 더 잘 설명되어질 수 있는 것도 아니다.

H. 만약에 일반적인 의학조건이나 또 다른 정신장애가 나타난다면 A 준거에 대한 공포는
   그것과 관계가 없다. 예를 들어, 공포는 말더듬이, 또는 파킨슨씨병의 떨림 또는
   신경증적인 식욕부진이나 신경성 폭식증도 아니다.

출처: APA의 DSM-IV(1994)

표 5 우울 성향의 등교거부와 사회적 철회의 등교거부 비교

	우울 경향의 등교거부	사회적 철회의 등교거부
등교 거부 상태	· 우울은 등교거부 상태 이전에 존재한다. · 우울은 일차적인 증상이며, 생활 전 영역에 걸쳐서 일어난다.	· 우울은 이차적이다. · 우울은 생활의 일부 영역에 한정되어 일어난다.
등교거부상태의 지속 여부	· 단편적이다. · 가끔 사회적 철회 현상을 보이지만 그것을 극복하려는 노력도 보인다.	· 장기간 지속된다. · 완전한 사회적 철회가 있으며 그것을 계기로 자신의 세계에 갇힌다.
등교거부의 계기	· 가정이나 학교의 대인관계 어려움에서 비롯된다. · 자신의 장래, 가정생활에 대한 갈등에서 시작된다.	· 자기존재를 위협받거나 자존심에 상처를 받는 사건에서 비롯된다.
등교자극에 대한 반응	· 그다지 민감하게 반응하지 않으며, 오히려 학교에 가지 못하는 자신에 대해 고민한다.	· 과민하게 반응하며, 가정 폭력 등과 연결된다. · 학교에 대해 집착하며 매달리는 의식이 강하다.
문제해결에 대한 태도	· 문제를 해결하려는 적극적인 자세를 가지고 있다.	· 소극적 또는 거부적이며, 문제를 해결하려는 의지가 결여되어 있다.

은둔형 외톨이
(사회불안으로 등교거부증을 보이는 아동들의 안 좋은 예후)

은둔형 외톨이는 앞서 살펴본 사회적 철회의 등교거부 청소년들이 경험할 수 있는 좋지 않은 예후 중의 하나이다. 이들의 특징을 요약하면 다음과 같다(김유숙 · 박진희 · 최지원, 2009).

① 학업이나 취업 등 사회참여를 하지 않거나 할 수 없는 사회적 철회(social withdraw) 현상을 보인다.

② 친구를 사귀거나 유지하는 것에 어려움이 있거나 가족과 의사소통을 단절하는 관계적 철회를 보인다.

③ 밤낮이 뒤바뀐 생활을 하면서 집에서 인터넷이나 게임에 몰두하는데, 이들은 가상세계를 통해 외부와의 통로를 경험한다.
④ 의욕을 상실한 자신의 은둔 상황에 대해 우울, 불안, 무기력감과 같은 부정적인 정서를 보인다.
⑤ 자신의 부정적인 정서를 가족에 대한 폭언이나 폭력으로 표현한다.
　　은둔형 외톨이는 정신질환은 아니지만, 적절한 개입이 이루어지지 않으면 장기화되어 결과적으로 정신적 질환으로 이어질 수 있는 가능성이 크다.

⑤ 그 밖의 정신과적인 요인

(a) 품행장애 및 비행

품행에 문제가 있는 청소년이나 학교교육에 흥미가 없고 학교에서 얻는 긍정적인 이득이 없으므로 학교 밖에서 다른 활동을 한다. PC방 같은 학교 밖 활동에서 긍정적 보상을 얻으며 삶의 활력소를 얻는다.

(b) 반항성 장애

아동의 연령이 증가하면서 부모의 압력에 대한 반항심리, 또는 부모의 통제에 대해 수동공격적인 방식으로 일시적으로 등교를 거부한다.

또는 보다 더 심각한 상황으로는 자아정체성 발견과 자기주장을 높이기 위해 정통적인 학교 수업에 도전하고 저항 하거나 사회제도와의 싸움의 일환으로 등교를 거부하는 자아정체성 장애에 의한 것도 있다.

(c) 경계선적 성격장애

성격적인 문제로 대인관계에서 지속적이고 안정적인 관계 형성이 어려워 학교생활과 같은 집단생활에 어려움을 지닌 경우, 또는 교사와 선배와 같이 권위자와의 관계에서 잦은 갈등을 느끼는 경우의 청소년들도 등교를 거부한다. 그들은 겉으로는 교육 시스템이나 환경적인 이유를 대지만 안으로는 대인관계에 심각한 어려움을 지니고 있는 경우이다.

(d) 정신분열증

정신분열증의 초기 증상으로도 학교를 거부하는 이는 대인관계를 회피하는 목적이나 특정한 망상이나 공포에 휩싸여 등교를 거부하는 행동을 한다. 청소년기의 등교거부는 이전 시기보다 더 심각한 정신과적 문제를 지니는 경우가 많으므로 증상이 발현되면 치료적 개입을 바로 연결하는 것이 적절하다.

2) 환경적 요인

① 교사와의 관계의 어려움

청소년 시기를 지나온 성인이라면 누구나 중·고등학교 시절 '첫사랑했던 선생님', '진심으로 존경하는 선생님' 그리고 '죽도록 미웠던 선생님'들에 대한 기억 중 하나를 갖고 있을 것이다. 교사는 부모 이외에 청소년들이 깊은 관계를 맺는 첫 번째 성인이나 다름없다. 이러한 교사와의 갈등은 청소년 개인이 갖고 있는 성인에 대한 적대감이 교사에게 투사되어 나타날 수도 있고,

지나치게 통제적이고 권위적인 교사에 대한 반항으로 표현될 수도 있으며, 때로는 또래 관계를 더욱 결속력 있게 하여 주는 수단으로(같은 선생님을 좋아하는/싫어하는) 나타날 수도 있다.

② 또래 관계 스트레스

KBS 드라마 〈꽃보다 남자〉 中 집단 따돌림 관련 장면

　청소년기는 대인관계 능력의 확장이 요구되어지는 시기이다. 이 시기는 급격한 신체적 성장과 함께 부모에게 심리적인 독립을 추구하는 심리적 이유기이기 때문이다. 지금까지와 달리 청소년의 관심은 가정 밖으로 전환되고 가족 외의 사람과 사회적 관계 역시 점차 확대시켜 나간다. 부모와의 심리적인 끈은 아동기보다 느슨해진 상태이다. 대인관계는 폭(가족에서 친구, 선후배, 교사

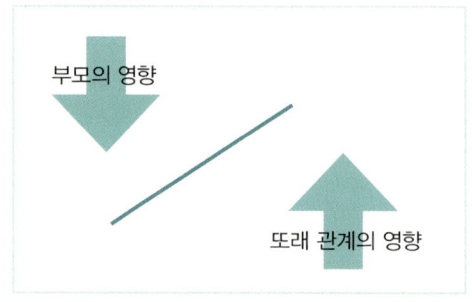

부모의 영향

또래 관계의 영향

등으로)뿐 아니라 깊이(외형적 관계에서 내면적인 관계)에서도 변화가 일어난다(권석만, 1997; 은혁기, 2000). 이때가 되면 친구와 인격적인 관계가 가능하게 된다. 보다 넓고 깊은 사귐을 가지면서 소수와 내면적인 관계를 형성한다.

이러한 발달적 역동은 다른 발달시기보다 또래 관계에 지나치게 예민한 반응을 보일 수 있고, 갈등이 생겼을 때 더 많은 영향을 받을 수 있다. 특히 따돌림이나 학교폭력 같은 경험은 이 시기 청소년에게 심리적 외상(trauma)으로 남을 수 있고, 관계의 문을 닫거나 회피하기 위한 수단으로 등 교거부 현상을 보이게 할 수 있다.

집단 따돌림이나 학교 폭력으로 인한 등교거부를 해결하기 위해서는 교사 및 부모 그리고 관계된 다른 학생 및 학부모와의 면담 등 보다 다각적 차원에서 치료가 시도되어야 한다.

이에 대해서는 다음 PART에서 보다 구체적으로 살펴보도록 하겠다.

③ 부모요인

청소년 시기가 아무리 부모로부터 심리적인 독립을 시작하는 심리적 이유기라 하더라도 부모의 영향력을 간과할 수 없다. 청소년기 등교거부 원인의 부모 요인은 현재 부모가 보이고 있는 행동이나 태도로 인해 나타나는 경우도 있지만, 대부분의 경우 아주 어린 시기부터 부모의 적절치 못한 양육 패턴,

그리고 부모 자신의 심리 역동적 문제로 인한 비일괄적인 훈육방법이 쌓여 도래된 경우가 많다.

(a) 부모가 과거에 동일하게 등교거부가 있었던 경우

부모 역시 과거에 등교거부 경험이 있는 경우, 자녀 역시 등교거부를 하게 되는 경향이 있다. 이러한 경우 양육과정에서 부모의 가치관이 부모의 지시적 · 비지시적 메시지로 흘러나와 발생한 경우가 많다. 비슷한 예로 부모가 정규 교육제도를 경험하지 못했을 경우에도 자녀의 등교거부를 방관하기도 한다. 이 역시 양육과정에서 부모의 교육제도에 대한 부정적 이미지가 자녀에게 전해졌을 가능성이 크다.

(b) 부모에게서 부부갈등과 정신 병리가 자주 관찰되는 경우

부모의 부부갈등은 자녀에게 불안과 긴장감을 유발하고, 부모의 정신 병리는 자녀에게 유전되어 나타날 가능성이 있다. 또한 이러한 이유들은 부모와 자녀가 애정적 유대를 갖기 어려운 상황이므로, 이러한 환경에서 자란 아동은 부모와 불안정 애착을 형성하고, 기본적인 대인관계 방법을 숙달하지 못하여 또래 관계의 악화를 가져와 등교를 거부하게 될 수 있다.

(c) 의존적인 엄마-아이 관계와 엄마의 과잉보호 태도

지나치게 의존적인 모-자 관계는 분리개별화의 실패를 의미하며, 여전히 공생관계를 갖고 있다 할 수 있다. 이러한 관계는 부모의 과잉보호와 함께 분리불안을 더욱 심하게 하고, 아동으로 하여금 스스로 두려움을 이겨내는 방

법이나 불안에 대한 대처 방법을 습득하지 못하게 한다.

(d) 부모의 처벌적·권위적 훈육방식

부모의 처벌과 권위적 훈육은 청소년기 자녀에게 반항심을 불러일으켜, 어른과 권위에 대한 반항으로 등교거부를 하게 할 수 있다. 이러한 양육 방식은 자녀의 자존감과 자율성을 저하시키고, 심한 경우 인격적인 모욕감을 경험할 수 있다.

④ 한국 학교교육의 문제점

(a) 입시 위주의 교육

학교교육의 궁극적인 목적이 대학 진학이 되어 버린 입시 위주의 학교와 시험에서의 승자와 패자 경험은 적대관계뿐 아니라 지나치고 예민한 심리적 경쟁심을 가져올 수 있다. 학생들은 계속 초조한 감정을 가지고 무엇인가에 위협을 느끼며 학교생활을 하는데 이것이 곧 불안을 의미하고, 등교거부의 원인이 된다.

(b) 시험의 중요성 강조

대학진학을 위해서는 시험점수가 결정적인 요인이 되므로, 높은 점수를 획득하기 위해 자주 시험을 치르고 시험의 중요성을 강조하게 된다. 시험에 대한 중압감, 시험 후의 결과에 대한 불안이나, 시험횟수의 과다 등이 스트레스를 증가시켜서 50% 이상의 청소년이 시험체제로 인해 불안을 겪고 있다. 시험불안으로 인한 등교거부는 앞서 설명한 바 있다.

(c) 비정상적인 교과 운영

　교육과정 역시 비정상적으로 운영되어, 국 · 영 · 수 등 중요 과목에 많은 시간을 투여하게 되며, 수업 방식에 있어서도 암기식 · 주입식 교육이 강조되고 있다. 공부 잘하는 소수의 학생을 위주로 수업을 하게 되어 많은 청소년들이 자기 능력에 맞지 않는 교과 내용으로 인해 고통을 받는다. 입시 과목을 잘하는 학생은 훌륭하고 문제없는 학생이고, 공부 못하는 학생은 문제 있는 학생으로 낙인찍히고 있으며, 학교에서 열등한 대우나 보상을 받는 학생들은 반항하여 비행청소년이 되거나, 보상적 행동으로 도피나 등교거부를 하기도 한다.

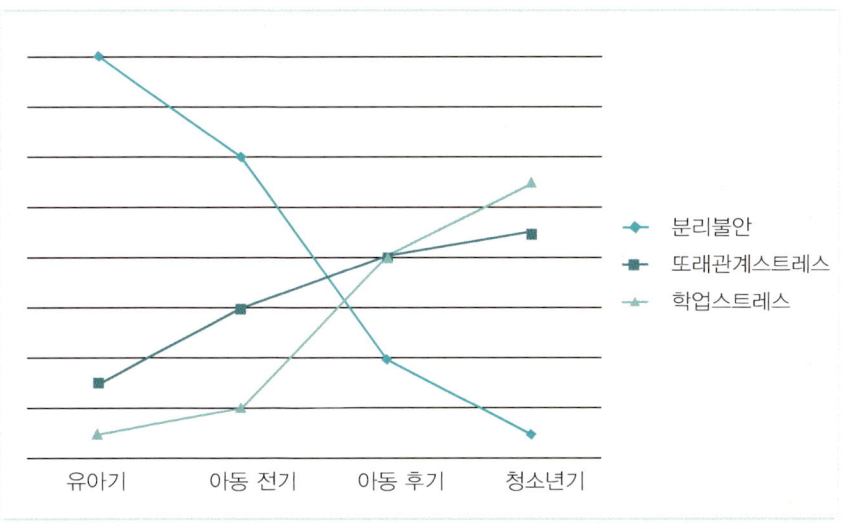

등교거부 주요 요인의 시기적 영향력 변화

PART 03

등교거부 아동을
위한 치료적 접근

등교거부 아동과 청소년들의 일부 사례는 교육환경에 점진적으로 노출시키거나 부모의 지혜로운 대처로 해결될 때도 있다. 그러나 대부분의 사례들은 심리치료나 인지행동치료, 약물치료와 같은 전문적인 치료를 통해 도움을 받아야 한다. 그러나 가끔 부모와 교사의 소극적인 태도가 아이의 문제를 키울 때도 있다. 그와는 반대로 적극적으로 등교거부 행동을 보이는 자녀의 현실적인 문제를 교육 제도적 차원에서 고려하고 과감히 대안적인 교육반영을 모색하는 부모들도 종종 만날 수 있다.

아이의 등교거부 행동문제를 해결하기 위해 아동의 개인치료에만 의존하거나, 부모만 상담을 받거나, 정작 부모는 태평하고 교사가 사방팔방으로 노력하는 경우도 있다. 그러나 이렇게 단편적인 노력들만 시도된다면 상담기간은 기간대로 길어지고 근원적인 문제행동의 원인을 제거하고 행동을 개선하는 데는 큰 효과를 보기 힘들다. 본인과 부모, 교사, 의사, 상담사, 친구들 모두가 총동원되어 협력해야 한다.

본 PART에서는 등교거부 아동과 부모가 전문적인 치료적 도움을 받는 경우 어떤 접근이 가능한지 간단히 소개하고자 한다. 등교거부 아동에게 효과적이라고 보고된 치료적 개입방법이나 유형, 부모상담과 교육에서 다룰 내용들, 등교거부의 주요한 원인들에 따라 어떠한 유용한 접근이 있는지도 포함하였다. 본 PART의 목적은 이미 치료를 시작한 등교거부 아동의 부모나 치료를 고민하고 있는 부모들이 전문가들의 안내를 보다 효율적으로 이해하고, 매 세션 성실하고 지혜로운 협력자가 되도록 하는 데 있다.

참고로 아래에서 소개되는 방법들은 국내외 임상서나 사례연구결과, 국내외 문헌에 보고된 사례 진행보고서로부터 발췌한 내용과 우리나라 전문 상담 기관에서 주로 사용하는 방법에 준하여 설명한 것이다. 각 상담자의 훈련과 교육배경, 기관의 이론적 성향에 따라 조금씩은 다를 수 있으므로 본서를 기초로 하여 치료법 개발에 꾸준한 발전이 있기를 기대한다.

■ 등교거부 아동의 치료 시작하기

많은 부모들이 처음 치료를 시작하기 전에 치료기간이 얼마나 걸리는지에 대해 알기를 원한다. 언제까지 아이와의 전쟁을 해야 할 것인가에 대한 심리적 부담을 덜고, 치료에 대한 대략적인 밑그림을 보고 싶은 것이다. 그러나 치료는 등교거부의 원인과 지속기간, 아이의 정신과적 문제, 기질과 성격, 부모와의 관계, 자신의 상태에 대한 인식, 그리고 무엇보다 치료에 대한 일관적이고 지속적인 참여와 부모의 협력에 따라 달라진다.

심각한 정신과적 문제를 동반한 경우는 상대적으로 긴 기간이 필요하지만, 그런 경우가 아니고 부모의 양육 방법이나 아동의 미성숙, 조절 가능한 정도의 불안 등이 이유라면 치료기간은 수개월로 단축된다. 그러나 잘 훈련받은 전문 아동심리치료자와 부모의 적극적인 협조가 반드시 기본 전제가 되었을 때 모든 일이 순조롭게 진행된다. 특히 등교거부 아동이 학교에 지속적으로 참여하는 행동을 형성하기 위해서는 아동과 부모가 상담과정에 지속적으로 참여하는 것이 무엇보다 우선시되어야 한다. 이를 위해 일상생활에서 아동의 스케줄 조정 시 상담시간을 우선적으로 고려하고, 부모의 끈기와 성실성이 뒷받침되어야 한다.

■ 등교거부 아동의 심리검사

우선 아이가 등교거부 행동을 보이면 부모는 소아정신과나 전문 상담기관을 방문하여 접수면담과 정밀한 심리검사를 받아보고, 등교거부의 원인과 아이의 현 상태에 대한 정확한 심리학적인 평가를 받아보는 것이 중요하다.

검사 시 심리적 검사뿐만 아니라 유전적인 소인이나 신체적 문제 등에 대해서도 의학적 검사를 받고 신체 건강상에 문제가 동반되었을 시 약물치료를 받도록 권한다. 그러나 그런 의학적 검사상의 문제가 없다면 검사 battery와 등교거부 행동을 측정하는 질문지, 그 밖에 원인으로 추측되는 다양한 검사들을 통해 아이가 왜 학교 가기를 싫어하는지, 어떤 스트레스가 있는지, 정서적인 문제나 학습문제를 일으키는 여러 가지 상태와 원인에 대해 구체적으로 알아보는 것이 필요하다.

특히 아이가 정신과적 문제를 동반하고 있는 것으로 추측된다면 심리검사를 통해 기저에 숨어 있는 원인을 찾아 장기적인 치료계획을 수립해야 한다.

I. 치료방법의 이해

아이의 문제를 가지고 치료기관에 들어선다는 것은 쉽지 않은 결정이다. 무엇보다 아이가 스스로를 어떻게 생각할까 하는 걱정과 이웃이나 아이 친구들이 우리 아이를 보는 시선에 대한 두려움, 갑자기 늘어난 지출로 인한 경제적인 부담 등 많은 것들이 걸린다. 이런 현실적인 문제를 극복하고 치료기관에 들어섰을 때, 그다음으로 기관에서 일어나는 일들에 대해서도 부모는 많은 의구심을 가진다. 치료사와 아동이 치료실에 들어가서 무엇을 하고 나오는지 궁금하기만 하다. 아니 그 방에서 아이의 행동을 고치기 위해 무슨 일이 일어나는지에 대해 알고 싶어진다. 아이 치료를 마치고 10여 분의 부모상담 시간을 가질 때 치료자는 아이와 가족에 대한 추가적인 정보를 얻기 위한 질문을 할 때가 많고, 부모는 밖에서의 아이 행동에 어떻게 대처할지 대해 조언을 구하고자 서로가 원하는 시간이 늘 부족하다.

부모만을 위한 50분 부모상담 시간도 필요하지만, 그 시간은 또 부모의 심리적인 문제를 다루기도 하고 치료비 부담으로 선뜻 예약하기가 쉽지 않다. 그래서 치료적인 방법에 대한 이해가 부모들에게는 늘 어려운 과제로 남아 치료기관에 가는 부모들에게 마음의 짐을 지고 다니게 한다.

어떤 부모들은 의구심을 스스로 해결하기 위해 인터넷이나 책을 보며 공부하고 치료적 협력자로 노력하며 아이 상담에 큰 탄력을 주기도 한다. 그러나 또 다른 부모들은 의구심을 해결하기 위해 아이들에게 무엇을 하며 놀았는지 매주 추궁하고, 자신이 낸 비싼 상담료와는 달리 '놀이치료'가 치료자와 아이가 놀기만 하는 것의 형태가 아닌지에 대해 의심과 실망을 반복하다 결국 상담을 그만두기로 결정한다.

만약 부모들이 아동심리치료에 대한 기초 지식을 겸비하였다면, 이러한 상황은 줄어들 것이고, 아이와 부모의 행복을 찾기 위한 노력도 좋은 결실을 맺을 수 있을 것이다. 그래서 본 PART에서는 부모들이 아동의 심리치료과정에 대한 예비지식을 얻을 수 있도록 몇몇 치료적 접근에 대해 간단히 소개하고, 등교거부 아동과의 만남에서 진행되는 치료적 작업과 요소들에 대해서 설명하고자 한다.

1. 등교거부와 놀이치료

1) 놀이치료란 무엇인가요?

일곱 살 민정이는 곧 있으면 학교에 가게 된다. 민정이 부모님은 요즘 아이가 학교 입학 후 지켜야 할 일들을 매일 숙지시킨다. 아침에 시간 맞추어 일어나기, 수업시간에 앉아 있기, 쉬는 시간에 화장실을 꼭 갔다 오기 등. 민정이도 부모님도 온 집안이 긴장상태이다. 민정이는 집안의 의자를 모두 가지고 와서 거실에 줄을 세우고 인형들을 모두 앉혔다. 의자 줄을 세우고 또 세우며, 인형들에게는 똑바로 앉아야 한다며 꾸중을 한다. 움직이면 혼난다고 넘어지는 인형에게는 소리도 지른다. 엄마가 "지금 뭐하는 거니?"라고 물었다. 민정이는 "학교 놀이하는 거예요."라고 대답했다.

우리는 일상생활에서 아동들이 놀이하는 것을 흔히 볼 수 있다. 위의 이야기에서 민정이는 인형을 가지고 놀이를 하며 학교 입학을 앞둔 긴장과 스트레스를 풀어내고 있다. 이 얼마나 경이로운 일인가? 민정이는 자신의 가슴으로 차오르는 긴장과 걱정을 놀이로 풀어내며 마음속의 걱정 주머니를 비워내 건강한 마음을 유지하려고 애를 쓰는 것이다. 물론 자아의 발달과 아이의 탄력성에 의해 차이는 있겠지만 대부분의 아이들은 자신의 힘든 경험이나 해결해야 할 과제를 놀이를 통해 실현하고 있다. 놀이치료는 이렇게 아동에게 있어 놀이의 의미와 놀이의 기능이 무엇인가를 보여주는 치료기법이다.

놀이의 치료적 기능을 소개하면 다음과 같다.

놀이는 아동의 감정과 생각과 경험, 욕구를 표현하는 수단이다. 성인들은 언어를 통해 자신의 의사를 표현하기도 하고 욕구나 갈등을 표현한다.

그러나 아동은 언어보다는 놀이를 통해 자신의 경험과 감정, 소망을 더 잘 표현하게 된다. 즉, 아동에게 있어 놀이는 바로 언어이다. 아동에게 있어서 놀이는 또한 성장과 발달을 촉진하는 수단이다. 아동은 놀이를 하면서 신체적 능력을 사용하고 발달시키며, 익힌 것을 숙달시킬 수 있는 기회를 갖게 된다. 아이들은 놀이를 통해 물질세계를 탐색해 나가는 방법을 획득하고, 판단력을 키우며, 성인의 역할을 학습하고 살아가는 데 필요한 것들을 배우게 된다. 또한 놀이는 아동의 발달과 문제 행동을 진단하고 평가하는 수단으로도 사용된다. 아동의 놀이를 살펴보면 아동의 다양한 발달 수준을 알 수 있다. 이러한 맥락에서 아동상담센터의 접수상담 시 치료사는 놀이실에서의 아이 행동을 관찰하고 아동의 성격 특성 및 심리적 어려움에 대해서도 대략적으로 가늠할 수 있다. 놀이를 탐색하는 행동, 놀잇감을 결정하는 행동, 선택한 놀잇감의 종류, 노는 방법, 놀이 상황에서 치료자와의 상호작용, 부모와의 놀이 패턴 등이 놀이 평가에서 주로 관찰되는 내용이다. 놀이치료란 위에서 설명한 놀이의 다양한 기능들을 통해 아동들이 갖고 있는 정서적 부적응이나 발달상의 문제를 해결하려는 '심리치료적 방법'이다.

> 새들은 날아다니고, 물고기들은 헤엄치며, 아동들은 놀이를 한다.
> — Garry Landreth —

2) 등교거부 아동을 위한 놀이치료적인 접근

놀이치료는 놀이를 치료에 활용하되, 심리치료적 이론에 따라 아동의 문제

정의, 치료적 기술 적용, 치료자의 역할이 달라진다. 아래에서는 등교거부 아동의 행동 문제에 대해 기존의 임상서에서 효과성을 밝힌 대표적인 놀이치료 접근을 소개하고자 한다.

① 아동중심 놀이치료

아동의 낮은 자존감은 자신감 결핍이나 학교 출석 공포를 일으킬 수 있다. 아동중심 놀이치료는 아동의 심리적 성장을 도모하고 내적 힘을 키워 아동의 등교거부 행동을 감소시키도록 도와줄 수 있다. 아동중심 놀이치료에서 아동의 문제행동은 아동이 실제 경험하는 세계와 자아개념 간의 불일치에서 나온다고 본다. 그러므로 이 접근법에서는 아동 자신이 자신의 세계를 탐험하고 힘을 얻어 진정한 자아를 발견하도록 도와 현실 세계에서 잠재 능력을 최대한 발휘하도록 돕는다. 치료자는 놀이를 이용해 안정되고, 신뢰로운 치료 관계를 형성하고, 아동의 세계에 대해 진실성, 민감한 이해, 따뜻한 보살핌과 수용, 무조건으로 긍정적인 존중 태도를 취하게 된다. 이러한 경험은 아동의 정서 표현을 돕고, 아동의 자발성을 높이며, 자기 수용과 자기 신뢰, 자기 확신을 주어 아동이 보다 능동적으로 세상과 소통하고 문제해결을 위해 노력하도록 할 것이다. 아동중심 놀이치료는 아동의 등교거부행동 그 자체를 수정한다기보다는 아동의 내적 힘을 키우고 성장시켜 스스로 문제해결의 주체가 되도록 돕는 심리치료과정이다.

② 정신분석적 놀이치료

정신분석적 놀이치료에서는 내담자가 자신의 등교거부에 영향을 미치거나 학교 출석과 관련된 무의식적 갈등 또는 핵심이 되는 불안 요소를 찾아 제거하는 과정을 거치게 된다. 이 치료적 접근에서는 부모-자녀 관계에서의 무의식적 갈등이 학교 장면에서 어떤 전이를 일으키는지를 놀이를 통해 탐색하고 아동이 보여주는 감정과 두려움을 해석해 주게 된다. 또한 이러한 것들이 아동의 학교 등교에 대한 공포나 두려움과 어떤 관계가 있는지를 찾아내는 작업을 하게 된다. 또한 아동의 적응적이지 않은 방어기제 사용에 대해 탐색하고 자신을 보호하고 환경에 적응하는 건강한 방어기제를 발굴하고 사용할 수 있도록 돕는 과정을 거친다. 정신분석적 놀이치료는 많은 문헌에서 등교거부 아동의 불안과 공포, 문제행동을 해결하는 데 도움이 되었다고 보고하고 있다.

2. 등교거부와 미술치료/모래놀이치료

1) 미술치료란 무엇인가요?

여덟 살 은빈이는 아버지가 어머니를 때리는 장면을 목격한 이후, 이런 일이 또 일어날까 봐 늘 불안해하면서 학교도 가지 못하였고, 학교에 갔을 때도 수시로 전화해 어머니로부터 분리불안 증상을 보였다. 치료시간에 그린 그림을 보며 은빈이는 어머니가 자신의 방을 청소하고 있고, 자신은 밖에 나간 것도 아니고 들어간 것도 아니라고 한다. 각자 풍선을 들고 엄마와 은빈이는 먼 듯 가까운 듯한 위치에서 서로 마주 보고 있다. 은빈이와 어머니는 각자 자신의 활동을 하고 있지만 공통적으로 '풍선이 날아갈까 봐 걱정하고 있는 모습'을 통해 상징적으로 서로에 대한 불안한 심리를 잘 묘사하고 있다.

아이들이 자신의 걱정, 불안, 두려움, 갈등과 같은 내적 심리 상태에 대해 꾸밈없이 표출할 수 있는 활동으로 미술활동은 참으로 효과적이다. 특히 어린 아동들은 방어가 적고, 일관성을 쉽게 잃어버리기 때문에 그림을 통해 있는 그대로의 자신의 마음을 더 잘 표현해낸다. 그래서 아동들은 그림을 통해 느끼는 대로, 생각하는 대로 보여주기 때문에 의식적·무의식적 자신의 문제나 어려움들을 상당히 잘 표현해낸다. 이런 미술에 비해 언어로 자신의 마음 세계를 표현한다는 것은 아동들은 물론이고 어른들에게조차도 쉽지 않은 일이다.

미술치료는 이렇게 미술활동을 통해 내면의 심상을 표현하게 함으로써 무의식을 활성화하고 그 속에 묻힌 무한한 창조적 기능을 자극하여 자기치유 능력을 발휘하게 한다. 치료자와의 미술활동은 내면에 묻어두었던 왜곡, 상실, 억제되었던 부분을 재발견하고 통합시킴으로써 건강한 인격의 발달을 가져올 수 있게 된다.

즉 미술이라는 매개를 통해서 표현하고, 카타르시스를 느끼고, 내면의 정서와 에너지를 긍정적 방향으로 승화시키고, 그림을 통해 자신에 대한 통찰을 얻도록 도와주는 것이 미술치료의 목적이다.

2) 모래놀이치료란 무엇인가요?

모래놀이치료란 아동이나 청소년들이 규격화되어 있는 모래상자 안에 모래, 물, 여러 가지 소품들을 이용하여 삼차원적이고 추상적이며 자발적인 모래 그림을 만드는 과정을 이용하는 심리치료 기법이다.

또래 괴롭힘으로 등교거부 현상을 보였던 16세 남아의 모래 사진

　이 과정에서 내담자는 자신의 내부 세계와 접하고, 치료자의 도움으로 자신의 감정과 삶의 양식을 이해하고 치유해 가는 과정을 경험하게 된다. 모래상자 작업 과정은 내담자의 독특한 정신 내적 현실과 외부 세계의 현실을 이어주며, 무의식적이고 비언어적인 것을 의식적이고 언어적인 측면과 연결해 준다.

　모래놀이치료는 다음과 같은 특징들을 가지고 있어 아동 청소년 내담자들에게 적용할 수 있는 이점이 있다.

　첫째, 자신의 문제를 언어로 드러내기 힘들어하는 아동 청소년들에게 적용할 수 있다. 반항이나 수줍음 등 심리적인 문제로 인하여, 혹은 의식화되지 않아 모호하고 애매한 혼란스러운 감정들을 갖고 있는 청소년 내담자들의 문제에 대하여, 모래놀이 작업은 언어로 나타낼 수 없는 생각들을 모래 위에 이미지 그림으로 표현하게 한다.

둘째, 치료관계에 도움을 주는 매개체로 활용할 수 있다. 자연스러운 모래놀이 과정에서 내담자가 자신의 세계(world)를 만들어내고 치료자와 감정과 경험을 나누는 가운데 내담자와 상담자는 치료적 인간관계가 촉진되고 확립되어 간다.

셋째, 소품들의 사용으로 흥미를 불러일으킬 수 있다. 모래상자에서 사용되는 소품들은 친근한 것들이며 자신의 갈등을 상징적으로 투사할 수 있는 것들이다. 이러한 소품뿐 아니라 소품들로 만들어진 모래 세계 역시 내담자 스스로 자신이 표현한 것들을 보게 함으로써 반작용적인 자극을 받게 한다.

넷째, 모래와 물을 사용하므로 촉감을 이용할 수 있다. 모래는 굵기와 재질에 따라 다른 감촉을 가지고 있고 물 역시 촉각적인 감정을 연상시키고 불러일으킬 수 있으므로 모래놀이치료는 내담자의 정서반응에 보다 효과적으로 적용 가능하다.

3) 등교거부 아동을 위한 미술과 모래놀이 작업

아동에게, 학교에서 일어났거나 앞으로 일어날까 봐 두려운 일들에 대해 그림으로 그리거나 오리고 찢어 붙이는 과정, 조각을 만드는 과정, 그림을 이용해 상호 이야기를 만드는 과정, 모래상자 꾸미는 과정, 작업한 모래 세계에 대해 이야기하는 과정 등을 이용해 치료를 시도해 볼 수 있다. 또한 동적 가족화를 그림이나 모래상자를 활용해 실시해 보고 아동이 한쪽 부모와의 관계에서 어떻게 밀착되어 있는지, 소원한 관계에 있는지에 대해서도 탐색할 수 있다.

또한 분리불안으로 악몽을 꾸는 아이들에게 미술이나 모래상자를 활용해 꿈작업을 시도해 볼 수도 있다. 자신을 무서움에 떨게 했던 꿈의 내용을 그림으로 그리거나 모래상자에 꾸며 보고 구체적인 장면과 주인공들에 대해 표현하고 설명하며 의식화하는 작업을 거치게 된다. 이러한 작업은 아동의 무의식에 있는 불안 요소를 표현하고 치료관계에서 치료자와 함께 느끼고 탐색해 보는 과정을 통해 의식화한다. 이는 무의식적인 갈등과 불안을 감소시키는 데 효과적이다. 특히 어린 아동의 경우 악몽을 이겨낼 수 있도록 치료자와 미술작업을 통해 '꿈의 수호신'이나 꿈에서 자신을 구해 줄 수 있는 무엇인가를 만들어 불안을 완화하는 방법도 사용할 수 있다.

치료자는 이러한 미술 작품이나 모래상자에 나타난 아동의 불안, 두려움, 스트레스 등에 대해 반영과 공감을 해 주고, 비현실적인 불안이나 두려움의 대상이 되는 내용에 대해서 다루고 어떻게 해결할 것인지에 대해 논의해 볼 수 있다. 아동과 치료자는 미술 작품이나 모래상자에 드러난 학교 등교와 관련된 주제에 대해 논의하고 학교에 대한 아동의 두려움을 극복할 수 있는 효과적인 방법이 무엇인지에 대해 함께 생각해내고 실천할 수 있도록 한다.

3. 등교거부와 게임놀이치료

1) 게임놀이치료란 무엇인가요?

동네 문구점이나 대형마트, 각종 인터넷 사이트에서 우리는 많은 보드
게임들을 접할 수 있다. 이러한 도구들은 아이들에게 단순히 재미만 제공하는
것은 아니다. 신기하게도 재미 외에도 많은 치료적·성장적 요소가 숨어 있
다. 친구들이나 부모와 보드게임을 함께하면서 재미와 규칙을 익히며 자
신을 조절하는 경험을 할 수도 있다. 그러나 보다 안전하고 효과적으로 게
임놀이치료가 진행되려면 치료실환경에서 기존의 보드게임을 치료적 매체로
활용하거나 아예 치료적으로 고안된 도구(자기조절 게임, 분노조절 게임, 대
화 게임, 사회성 기술 게임 등)를 사용해 치료 과정에 활용하기도 한다. 게임
놀이치료에 대한 이론적 지식과 임상적 훈련을 경험한 치료자들과의 작업은
치료실 밖에서의 게임놀이와는 다른 전문적 기술과 치료 과정을 가능하게
한다.

게임은 놀이와는 달리 규칙이 있고 형식이 있으며 조직화된 형태를 지니고
있다. 게임은 아동의 조절과 통제를 연습할 수 있는 규칙을 포함하고 그
안에서 아동들은 자신의 역할과 행동을 제한받기도 한다. 또한 경쟁은 게임의
중요한 기본 요소로 누가 이기는가가 중요시되어 아이들의 참여와 동기
유발이 촉진되며 도전하게 한다.

즉, 아동들이 게임을 할 때는 자유놀이에 비해 정서적인 통제 경험을 더
많이 하게 되고 지적인 발달, 사회적 기술이 더 요구되며 실제 아이들의 삶에서

일어나는 다양한 에피소드들을 경험한다. 게임놀이치료는 게임이 지니는 이러한 다양한 속성을 활용하여 아동의 심리적 행동적 어려움을 변화시키는 방법이다.

2) 등교거부 아동을 위한 게임놀이치료

아동의 내면에 등교거부와 관련된 분노를 발견하고 표현하게 하기 위해 치료적으로 개발된 게임을 활용할 수 있다. '분노의 탑', '풍선 터뜨리기', '감정 놀이' 등은 자신의 감정을 표현하고 분노의 대상을 공개적으로 지목하여 표현하는 데 도움이 된다. 이러한 과정에서 아동의 감정이 카타르시스를 경험하게 되고 학교에서의 분노대상에 대해 어떻게 효과적으로 자신의 마음을 전달할 것인지에 대해서도 논의해 볼 수 있다. 그 밖에 치료적으로 고안된 대화 게임을 활용해 등교거부와 관련된 감정, 생각, 행동에 대한 다양한 표현과 대처에 대해 경험할 수 있고, 나아가 자신의 문제해결에 적용하게 될 것이다.

활용 가능한 감정놀이 게임: Touch My Heart와 엘리스의 모험

4. 등교거부와 독서치료

1) 독서치료란 무엇인가요?

　「유치원에 안 갈래」는 유치원에 안 가려는 아이가 느끼는 심리가 잘 묘사된 동화책이다. 아이들은 책 속의 주인공의 마음을 통해 공감을 하게 되고, 자신을 보다 더 적극적으로 느끼기도 한다. 책 속 주인공의 심정과 자신의 괴로움을 동일시하고, 함께 울고 웃으며 카타르시스를 느끼고, 주인공의 행동을 통해 자신의 행동에 대해 스스로 깨우치게 되는 과정은 아이들이 문제를 극복하는 데 큰 도움이 된다.

> 🐦🐤 유치원에 안 갈래
>
> 나는 엄마랑 떨어져 본 적이 없어요.
> 그런데 엄마랑 헤어져야 해요.
> '나 유치원에 안 갈래!'
> 옆에 엄마가 없으면 불안해져요.
> 이제부터 엄마 대신 친구들이랑 놀고 엄마 대신 선생님이랑 지내야 해요.
> 처음 보는 선생님이 낯설어요.
> 이럴 때 엄마가 있으면 좋을 텐데, 엄마는 집으로 가버렸어요.
> 중략……
> 그때였어요. 처음 보는 친구가 날 쳐다봐요.
> 친구가 자꾸 내 손을 잡아당겨요. 난 그게 싫어서 울음을 터뜨렸어요.
>
> -「유치원에 안 갈래」(한국 헤밍웨이) 본문 中-

독서치료란 그리스어의 두 단어로부터 유래되었다. 책을 의미하는 'biblion'과 치료를 의미하는 'therapeio'의 합성어로서, 시와 소설과 같은 문학 작품 외에도 다른 책을 사용하여 정서행동적 문제를 치료하는 상담의 한 분야이다. 독서치료는 다른 심리치료법에 비하여 치료기간이 짧아 장기적인 치료기간으로 인해 겪게 되는 어려움을 쉽게 해결할 수 있다.

또한, 다른 심리치료가 특수한 기술과 이론적 학습이 준비된 사람만으로 한정되는 데 반해 독서치료는 치료 기술을 습득하는 데 있어 전문 임상 심리학자뿐만 아니라 학교 상담자, 국어교사, 도서관 사서, 아동상담사 등 인간애가 높은 사람이라면 누구나 접근하기 쉬운 방법이다. 일반 심리치료에서 내담자들이 저항감을 가진다면 독서치료는 좋은 문학작품을 읽는 것이 곧 치료이므로 자신이 치료를 받고 있다는 기분이 들지 않은 채 치료가 진행된다. 이외에도 독서치료는 시간과 공간의 제약을 덜 받는다는 중요한 특성을 가지고 있다. 내담자가 읽고 싶은 시간과 장소에서 스스로 책을 읽기 때문에 자신의 문제를 털어놓기를 꺼리거나 시간의 제약을 받는 내담자에게 특히 적절한 방법이라고 할 수 있다.

다시 말해 독서치료는 치료자와 내담자 간에 독서물이라는 매개체가 있다는 점도 상당히 중요한 특성이다. 또한 치료자와 내담자 간에 직접적인 표현이 어렵거나 조심해야 할 부분에 대해 독서물 내의 주인공의 행동과 감정을 이용해 대신할 수 있다는 점이 중요한 상담의 한 기능을 수행해내는 것이다.

2) 등교거부 아동을 위한 독서치료

(a) 동일시의 원리를 활용

독서치료에서 동일시의 원리는 책 속의 등장인물의 성격, 감정, 행동, 태도를 자기의 내면에 수용하여 주인공과 같은 감정을 증대시키는 것이다. 자신이 해결하지 못한 것을 해결하는 주인공, 자신이 되고 싶은 성격의 주인공, 자신이 하고 싶었던 행동을 하고 있는 주인공 등을 만나면서 아동은 자신이 채우지 못한 욕구, 상처받은 마음, 갈등 등을 정리하고 보다 자신 있고 활기찬 시작을 하게 될 것이다. 등교거부 아동은 책 속의 아이가 힘든 문제를 극복해 가는 것을 보고 자신도 할 수 있다고 느끼며 시도해 보고자 하는 동기를 일으키게 된다.

(b) 카타르시스

독서치료에서의 카타르시스란 책 속 등장인물의 감정, 사고, 성격, 태도에 대한 감상을 문장이나 말로 고백하게 하는 것을 말한다. 이러한 과정은 내담자 자신의 내면적인 정서나 사고, 성격, 태도의 투영으로 간접적인 고백이므로 내담자가 저항을 일으키지 않는다. 뿐만 아니라 글이나 말로 감상을 표현해 나가는 동안 의식적인 억제나 억압이 약해지고 등장인물에 대한 감상이 현실 생활 속의 인물로 대체되어 표현을 할 수 있게 된다. 등교거부 아동이 학교에서 경험하게 되는 다양한 심리적 고통을 책 속의 주인공을 통해 표현하며 카타르시스를 경험할 수 있다.

ⓒ 통찰

위의 두 가지 원리에 비해 통찰의 원리는 그 역할이 다소 미약하긴 하지만 아동이 책 속의 인물을 통해 자신의 감정과 사고, 행동을 이해할 수 있게 되는 것이다. 아동 자신이 미처 알지 못했던 감정과 행동, 그리고 행동의 결과에 대해 연결고리를 찾을 수 있다면 이유를 알게 되고 결국 아동은 통찰력을 얻은 것이다. 이렇게 통찰력이 생기면 아동은 과거의 갈등이나 역경에 집착하지 않고 보다 더 건설적인 생각과 행동을 함으로써 새로운 생활을 시작하는 데 힘과 지혜를 얻게 된다. 등교거부 아동이 자신이 왜 등교를 거부했는지, 아침에 엄마에게 화를 냈던 이유가 무엇인지, 학교가 무서운 이유가 무엇인지 등에 대해 통찰을 경험할 수 있을 것이다.

5. 등교거부 청소년을 위한 인지행동치료

연령이 높은 등교거부 아동이나 청소년들을 치료하는 치료자들은 정서적인 문제와 행동개선의 구체적 개입방법을 통합적으로 적용하기 위해, 또는 정서적인 문제가 어느 정도 해결된 후 구체적인 문제해결 방법으로 인지행동적 치료 접근을 수행할 수 있다. 인지행동치료는 외상을 경험한 아동이나 불안장애와 같은 진단을 받은 아동이나 청소년들에게 주로 사용되어 왔고 그 효과도 많이 입증되어 왔다. 이 치료적 접근에서는 아동과 청소년이 적극적으로 치료에 참여하여 잘못된 인지적 왜곡을 수정하고 통합함으로써 변화에 적극적인 참여자가 되는 것이다. 즉 등교거부 내담자들의 경우 등교거부를 일으키는 원인이 되는 언어적 혹은 도식적인 인지에 대해 경험하고 현실 검증할 기회를 가진다. 또한 등교거부와 관련된 아동의 비합리적 개념이 소멸되면 사고체계에 수정이 생기고, 이는 행동의 변화를 일으키게 된다. 이해를 돕기 위해 하나의 예를 들어 보면, 아동이 학교에 대한 비현실적인 불안감 또는 공포를 가지고 있다면 이것이 얼마나 비현실적이고 비이성적인지 잘못된 인식을 수정하도록 할수 있다. 뿐만아니라 이에 대처하는 방법으로 긍정적인 자기대화를 하도록 하고 치료자와 연습하고 현실생활에서 적극적으로 실천하도록 하는 방법을 사용할 수 있다. 또 다른 예로서 아동의 부모와의 분리나, 자율적 행동, 독립적 행동, 학교 출석 행동과 같은 목표 행동을 증가시키기 위해 적절한 강화제를 사용하여 행동을 강화시키는 방법이 있다. 그 밖에도 부모와의 분리를 두려워하는 아동에게 실제 학교상황에 대해 체계적 둔감화를 실행하여 부모를 학교에 더 오래 머물러 있도록 하는 방법도 있다. 부모가 학교에 있어 아동은 안정감을 느끼게 되고 불안을 조절하고 좀 더 긴 시간을 수업에 참석하거나 학교에 머무르게 되는 것이다.

II. 등교거부 아동의 상담 유형

1. 상담기관에서의 상담

일반적으로 대부분의 부모와 내담자들은 아동의 문제행동을 해결하기 위해 집에서 가까운 소아과나 상담센터를 찾거나, 지인이나 교사로부터 추천을 받거나, 인터넷 검색을 통해 기관을 우선적으로 찾고, 홈페이지상의 내용을 살피거나 전화문의를 통해 전문기관으로서 신뢰가 가는 상담기관을 선택하고 최종적으로 접수상담을 받게 된다. 기관들은 대부분 접수예약제로 운영되므로 예약된 날짜와 시간에 접수 상담을 하고 주 1회 55분~1시간의 상담 시간(45분 아이상담, 10~15분의 부모상담)을 가지며 치료자의 안내에 따라 치료적 접근에 참여하게 된다. 그러나 간혹 접수를 해 놓은 후에 아동의 행동이 일시적으로 좋아졌다거나, 상담을 강하게 거부한다는 이유로 예약을 취소하는 경우가 있다.

맑음 아동·청소년 상담센터 대기실,
놀이치료실, 모래놀이치료실

그러나 권하건대 이런 경우는 아동이 함께 참여하지 못하더라도 부모가 따로 상담을 받는 경우가 보다 현명한 대처이다. 일시적인 행동의 변화나 아이들의 거부로 접수상담을 포기하여 다시 접수상담을 예약하고 기다리는 것은 그만큼 아동의 문제를 키워 향후 진행될 상담기간을 연장하는 결과를 낳는다.

일단 치료를 시작하였다면 아이와 치료자가 치료실에서 하고 있는 일들이 단순한 대화나 놀이가 아니라 전문적인 상담기술과 이론적 배경 위에서 진행되고 있는 것들임을 믿고 따르며, 상담과정을 이해하고자 하는 적극적인 자세가 반드시 필요하다. 또한 매주 상담기관을 찾아오며 지치고 힘든 시간을 잘 견뎌내어 부모에게도 성장할 수 있는 좋은 기회가 되어야 할 것이다.

2. 가정방문상담

1) 주요 대상

가정방문상담은 등교거부나 은둔형 외톨이와 같이 아동이 기관으로 내원하기 어려운 경우, 또는 아동의 불안 수준이 높고 사회공포증 문제를 동반하여 외부환경과의 접촉이 어려운 경우, 다문화 가정이나 조손가정과 같이 아동과 양육자가 규칙적으로 기관을 방문하기 어려운 경우, 치료사가 가정을 방문하여 치료하는 방법이다. 특히, 아이에게 전문적 개입을 해야 하나 아이가 외부 환경에 대해 높은 불안과 거부행동을 보일 때 우선적으로 적용할 수 있는 접근법이다. 즉, 가정방문상담은 아동의 발달적·정서적·행동적인 여러 가지 적응상의 어려움을 해결하기 위해 가정에서 치료가 진행되는 경우를 말한다. 치료적 기법에는 아동중심 놀이치료, 발달놀이치료, 치료놀이, 게임놀이치료, 미술치료, 독서치료 등 다양한 매체를 활용할 수 있다. 그 밖에도 기관에서 치료를 받고 있는 중이거나 치료가 종결된 이후에 기관에서 받고 있는 치료와 연계하여 가정에서 실질적으로 부딪히는 문제들을 직접 해결하도록 도움을 받고자 하는 경우, 특히 부모-자녀 관계나 형제와의 관계에서 어려움을 보이는 경우와 치료적인 차원에서 학습 문제를 실질적으로 도움받고자 하는 경우에도 효과적이다.

2) 등교거부 아동을 위한 가정방문상담의 효과

① 불안문제 아동을 위한 편안한 치료적 환경 제공

정서적으로 불안 수준이 높거나, 외부 환경과의 접촉을 강력히 거부하는 아동들은 가정을 떠나 낯선 환경으로 나아가는 것에 대해 엄청난 두려움과 저항감을 가지고 있다. 이런 아동들을 강제적으로 기관에 데리고 오는 방법보다는 치료자가 가정을 방문하여 안정된 물리적 환경에서 치료적 관계를 형성하여 불필요한 불안 자극을 최소화하는 것이 적절할 것이다. 이런 경우, 가정방문상담은 치료자가 우선적으로 가정에서 아동과의 치료적 관계 형성을 하여 일차적으로 불안 감소를 위한 치료적 개입을 실시할 수 있도록 하는 장점을 지닌다. 그 후 치료자는 치료환경을 기관으로 확대하여 아동이 외부세계와 접촉을 하도록 돕게 된다. 아동이 가정에서 나와 기관으로 치료환경을 변경하게 되었을 때 새로운 치료적 국면을 맞이하게 될 것이고 학교에 출석할 가능성도 높아진다.

② 생활상의 문제에 대해 보다 직접적인 도움과 대처 제공

등교를 거부하는 아동의 경우, 가정에서 일어나는 일들에 대해 현실적으로 직접 도와주는 방법도 생각해 볼 수 있다. 아이가 등교를 거부할 때 어떻게 대처할 것인가에 대해 치료자로부터 교육과 안내를 받고 집에서 실천해 보려 하지만 안 될 때가 많다. 이런 현실적인 문제 상황에 대처하는 데 어려움을 보이는 부모가 아이와의 관계에서 악순환을 거듭하고 개선의 진전을 보이지 않는다면 가정에서 직접적으로 도움을 얻을 수 있는 가정방문치료를 요청해 볼 수 있을 것이다. 또한 치료자가 기관에서 받았던 아동 행동에 대한 부모의 보고를 직접 보고 관찰할 수 있고 부모의 대처 문제를 구체적으로 찾아 수정해 줄 수 있다는 점도 하나의 장점이라고 볼 수 있다.

③ 심리치료와 학습문제해결의 병행

등교거부 아동이 기관에서 일정 기간의 심리치료를 받고 정서적인 부분은 어느 정도 안정이 되었으나 학습 문제와 같이 실제적이고 장기적인 문제가 남아 있는 경우, 학습 문제가 등교거부의 중요한 원인으로 작용한 경우, 주 2~3회의 학습적인 도움이 필요한 경우, 학습 문제를 가진 아동의 부모가 에너지가 소진되어 장기적인 기관 방문이 어려운 경우 등에 대해 가정방문상담을 활용해 남은 심리적 문제와 현실적인 문제를 해결할 수 있다. 그 밖에도 가정에서 학습을 위한 환경을 적절하게 구성할 필요가 있거나,

어머니와의 학습 문제와 관련한 트러블, 이로 인해 부모와의 관계가 다시 악화되어 등교거부 문제가 재발될 위험에 있는 경우에도 실제 상황으로 옮겨 보다 구체적으로 도와줄 수 있다.

3) 가정방문치료의 주의사항

가정 방문치료는 여러 가지 장점들이 있지만 반면에 그에 상응하는 어려움도 있음을 부모와 치료사가 숙지해야 한다.

① 치료 환경에 대한 한계 설정

아동이 치료를 받는 장소가 정해진 치료기관이 아니라 가정이라는 점은 여러 가지 현실적인 한계에 부딪친다. 그러나 이러한 한계점을 치료적으로 잘 규정짓고 지켜 간다면 아동에게 또 다른 치료적 효과를 일으킬 수 있다. 치료를 처음 시작하는 날 치료자는 치료시간, 장소, 치료에 참여하는 사람, 치료하는 데 필요한 준비물 등에 대해 제한 사항을 알려주어야 한다. 치료의 장을 구분하고 분명한 제한을 주며 치료 장소를 이탈할 수 없다는 점과 치료 시간의 규칙을 잘 지키도록 안내해야 한다. 가정방문치료를 받는 경우에 치료 장소는 아동의 방이나 가족구성원들과 물리적으로 구별된 공간이어야 하며, 조용하고 집중할 수 있는 환경이어야 치료에 효과적이다. 부득이한 상황에서 가족들의 왕래가 잦은 거실이나, 공동으로 사용하는 방에서 해야 한다면 가족성원의 출입에 제한을 두고 치료시간을 확보해야 할 것이다. 치료 중에 가정으로부터의 시각적·청각적 방해요소가 작용된다면 아동치료의 효과는 분명히 떨어지게 된다. 따라서 형제와 가족, 조부모, 이웃들도 치료적 세팅에 방해가 되지 않도록 협조해야 한다.

그리고 치료자가 방문하기 전에 아동과 부모가 외출하여 늦게 온다거나, 아동이나 가족의 친구들이 방문한다거나, 아동이 집으로부터 멀리 떨어진 놀이터나 운동장에 놀러가는 등의 저항을 일으킬 수 있는 요소를 미리 배제해야 한다.

② 치료 준비물에 대한 사항

아동이 잘 준비된 기관으로 치료를 받으러 오는 것이 아니기 때문에, 치료자는 매회기 치료 진행과 관련된 준비물을 가지고 이동해야 하므로 번거로움이 많다. 이는 경제적으로나 시간적으로 많은 소모를 요구하므로 방문심리치료를 결정한 치료자와 부모는 아동의 치료에 사용할 수 있는 준비물에 대해 사전에 조사하여 불필요한 지출과 노력을 감소시키고 치료 진행 과정에서도 긴밀히 연락하며 원활히 준비해야 한다. 집에서 모아둔 재활용품들도 치료적으로 활용할 수 있고 미술 도구, 게임 도구, 학습지(심리치료와 학습문제해결 변행의 경우) 어릴 때 사용했던 장난감 등 여러 가지가 유용하게 사용될 수 있다.

준비물과 관련된 과정이 치료자나 부모에게 큰 스트레스나 부담을 준다면 치료 진행이 원활하지 않고, 치료자에게도 의욕상실의 원인이 되고, 부모는 현실적 부담으로 인해 치료에 대해 불만족하게 된다. 결국 가정방문이라는 이점을 얻으려다가 치료 기회를 잃게 되는 큰 손실이 일어난다.

크레용(8개), 몸을 굽힐 수 있는 얼굴 없는 인형, 무딘 가위, 아이스바 막대기, 플라스틱 우유병, 파이프 청소기(담배 파이프 같은 것을 청소할 수 있는 것), 고무 칼, 밧줄, 인형, 전화기, 찰흙, 공격적인 손인형(악어, 늑대), 다트, 총, 수갑, 몸을 굽힐 수 있는 가족 인형, 놀잇감 군인(20개), 인형집 가구(최소한 침대, 부엌, 욕조는 구비), 두 개의 놀잇감 접시와 컵(플라스틱 또는 양철), 바닥과 방들이 있는 마분지 상자(열고 닫을 창문이 있는 것, 놀잇감 보관도 가능), 놀잇감 수저와 포크, 작은 비행기와 차, 만화 주인공 가면, 통통볼, 투명테이프, 응급약, 대일밴드, 작은 오뚝이비닐 펀치백, 모래나 쌀 한 그릇, 25cm 물 한 통 등

위의 '가정방문치료를 위한 엑슬린의 토드백'을 참조하여 놀이치료에서 요구되는 최소한의 도구들을 부모와 치료자가 치료를 시작하기 전에 준비하는 것도 중간 과정에서의 혼란을 줄일 수 있다.

③ 치료의 구조화

심리치료와 학습문제해결의 복합적인 과제를 가지고 방문 상담을 진행하는 경우, 집중력이 부족 하거나 조절이 되지 않는 아동의 경우 놀이를 먼저 하는 것은 아주 위험할 수 있다. 아이들은 일단 놀이에 빠지게 되면 욕구를 조절하는 것에 어려움이 있고, 이로 인해 치료자와 불필요한 심리전을 펼치게 될 수도 있기 때문이다. 그러므로 학습과 놀이를 병행하는 방문 상담의 경우,

학습을 먼저 하고 놀이를 하는 것이 훨씬 효과적이다. 그러나 아동의 특성과 학습의 목표, 준비도에 따라 치료자가 융통성을 발휘할 수 있다.

④ 부모상담과 관련된 딜레마

아동이 집에서 치료를 받음으로써 긴장감이 줄고 편안하게 받을 수 있는 것처럼 부모에게도 가정에서의 부모상담은 더욱 안락한 시간이다. 아동의 형제를 데리고 치료기관으로 가거나, 혼자 두고 외출해야 하는 일 없이 아동치료와 부모상담을 병행할 수 있다는 점은 큰 장점임에 분명하다. 그러나 가정에서 전화를 받거나 동생을 돌보며, 이웃집의 방문을 걱정하며 상담을 받아야 하는 단점도 있다. 외부 환경에 대한 통제가 없이 상담에 참여하게 되므로 다양한 방해 요인과 맞닥뜨려야 하고, 부모와 치료자 또한 쉽게 치료시간을 지키지 못하고 지연하기도 한다.

또한 아동치료와 부모상담 모두 비밀 보장 문제에 걸려 있어 아동이 깊은 내적 갈등이나 부모자녀관계, 형제관계, 가족과 관련된 문제를 끌어내는 데 제한되고 더디게 진행될 가능성도 있다.

그리고 어머니가 우울과 같은 외부 출입과 관련된 정신건강상의 문제를 앓고 있다면, 지속적인 가정방문상담은 어머니의 고립된 생활을 강화하고 낮은 에너지 수준을 끌어 올리는 데 도움이 되지 않는다. 처음에 어머니가 기관방문 상담을 힘들어하고 쉽게 포기하여 방문상담을 시도했다면 어머니의 심리적 어려움에 진전이 보이고 에너지 수준이 상승세를 탈 때를 즈음하여 치료 장소를 기관으로 옮기는 것도 도움이 된다. 아이와 어머니 상담을 위해 규칙적인 외부 활동을 한다면 어머니의 우울 모드에 변화를 주고 활력적인 생활 패턴에도 도움이 될 것이다.

4) 방문심리치료사의 자질

등교거부 아동을 위한 방문심리치료사는 일반 학습교사나 과외교사와는 분명한 차이가 있어야 함을 명심해야 한다. 아동의 등교거부 행동은 적응을 떨어뜨리는 심각한 문제행동의 하나이므로 아동상담 전문기관에서 다년간의 경력과 임상지식을 소유한 전문 아동상담자의 개입이 필수이다. 아동의 등교거부 행동으로 심리치료적인 도움을 받고자 결정한 부모라면 아동청소년 전문상담 기관과 연계하고 공식적인 절차를 통해 방문심리치료과정을 진행해야 한다. 또 학습적인 부분에 대한 개입이 필요하다면 교과과정에 대한 지식과 학습에 관련된 문제를 효율적으로 도와줄 수 있는 기술과 심리 치료적인 접근을 동시에 사용할 수 있는 치료사를 요구해야 할 것이다. 아동 문제를 효과적으로 해결하기 위해서는 기관에 대한 신뢰뿐만 아니라 부모의 사전지식과 준비도 매우 중요하다.

3. 기관순회치료

위에서 살펴본 방문심리치료와는 달리 기관순회치료는 문제를 갖는 아동들이 유치원이나 학교 등의 교육기관에서 잘 적응할 수 있도록 개별 치료자가 직접 기관을 방문하여 도움을 주는 경우를 말한다.

■ 등교거부 아동을 위한 기관순회치료과정

기관순회치료는 실시 이전에 개별 치료사와 부모, 그리고 유치원이나 학교, 교사 간의 사전 합의가 이루어져야 한다. 치료사는 기관에서 아동을 만나기 전에 먼저 라포형성을 위해 치료사가 소속된 기관의 치료실이나 아동의 가정을 방문하여 놀이나 대화를 통한 긍정적인 상호작용을 시도한다. 이런 과정을 통해 라포형성뿐만 아니라 등교거부 아동의 행동을 평가하고 문제의 정도와 기본 정보를 얻게 된다. 아동의 등교거부 행동에 대한 원인과 대처가 통합적으로 평가되고 기관에서의 부모와 교사의 대처 지침이 마련된다면 구체적인 계획을 세우게 된다. 치료계획 과정에서는 유치원이나 학교 교사와 현실적인 문제들에 대해 절충하는 논의 과정이 필요하다. 아동의 등교거부 행동과 신체화 증상, 정서적 고통과 빈도와 강도 등에 대해서도 매일 체크하여 치료사와 부모, 교사의 대처 행동에도 변화를 주어야 한다.

이렇게 기관을 직접 방문하여 실시하는 치료적 접근은 부모와 치료사, 교사에게 번거로운 작업이 될 수 있으나 아동의 문제를 보다 빠른 시간 내에 해결하게 되므로 다른 아이들에게 주는 영향력을 빨리 철회시키고 아동이 겪는 부정적 피드백을 감소시키는 데 도움이 된다. 치료사는 등교거부 환경을 직접 확인하고, 그곳에서의 아동의 문제행동 발생 원인을 직접 찾아 관찰할 수 있는 장점이 있다. 또한 치료자는 교사가 등교거부 아동의 행동에 어떻게 대처할 것인지 구체적인 방법을 교시하거나 모델링을 할 수 있다. 그 밖에도 치료자는 기관을 방문하여 다른 또래 아이들과의 관계의 특성을 파악하고 해결방법을 찾는 데 도움을 줄 수 있다.

III. 원인별 상담 전략 이해하기

등교거부 행동의 개선을 위해서 무엇보다 중요한 것은 증상의 원인을 찾아 제거하는 과정이다. PART 02에서 살펴본 바와 같이 등교거부 행동의 원인은 다양하다. 그중에서도 임상현장의 자료와 선행연구, 문헌들을 참고하여 내담자들의 주된 등교거부 원인으로 분석된 내용을 중심으로 각 원인별 등교거부 행동의 치료방향에 대해 간략히 살펴보고자 한다.

1. 정서적 문제로 인한 등교거부 아동의 치료

1) 분리불안 아동

초등학교 1학년 수민이는 직장을 다니는 엄마와 아침마다 전쟁을 한다. 어린이집과 유치원 다닐 때도 아침마다 울고불고 떼쓰며 안 간다고 고집을 피워 고생을 했는데, 학교에 입학한 올해 또 다시 거부행동을 시작했다. 이러한 행동은 엄마가 아침마다 수민이에게 회사에 다니는 것을 그만두어야 하나라며 한탄하게 만든다. 전날 저녁까지 잘 놀고 다음 날 잘 가겠다고 다짐까지 받은 수민이 엄마는 아이가 아침만 되면 울면서 안 가겠다고 떼를 쓰고, 배가 아프다고 하거나 토하기도 하여 병원을 찾았다. 그러나 의사가 소화 기능에 문제가 없다고 하여 고민을 하다가 전문 상담기관을 찾았다. 수민이는 어려서부터 직장에 가는 엄마와 아침마다 떨어지는 것을 힘들어했고, 엄마가 슈퍼에 가거나 제 시간에 집에 도착하지 못하면 안절부절못하는 불안 행동을 보였다고 한다. 또한 동네 놀이터에서도 또래 아이들과 어울려 노는 것보다 엄마와 모든 것을 함께하기를 바라고 저녁과 주말엔 부모가 모든 것을 챙겨 줘야 할 만큼 의존적이었다고 한다.

초등학교 2학년인 가영이는 밤마다 학교 갈 것을 걱정하고, 아침이 되어 학교 갈 시간이 되면 머리가 아프다거나 배가 아프다며 학교에 가지 않으려 한다. 심지어 어떤 때는 등교 직전에 화장실에 들어가서 배변을 본다며 20분 넘게 나오지 않기도 한다. 가영이 엄마는 아침마다 아이를 겨우 겨우 달래 학교 앞까지 데려다 주는 일을 반복하고 있다. 평소에도 가영이는 아빠가 집에 있더라도 엄마가 없으면 불안해하며(낮인데도 불구하고 무섭다며 집안 문단속을 한다든지 안절부절못하며 가만히 있지 못함) 엄마에게 계속 전화하여 언제 오는지를 확인한다.

가영이 엄마는 결혼생활에 적응하지 못한 상태에서 결혼 직후 바로 임신이 되어 심리적으로 어려움이 많았다고 한다. 가영이 엄마는 가영이 출산 후 약 2년 동안 친정 부모님의 연이은 병환과 사망으로 인해 자신이 매우 불안하고 우울했으며, 이 기간 가영이를 적절히 돌보지 못한 것에 대한 미안함이 많다고 하였다. 그리고 가영이 엄마는 밤에 친구들과 찜질방 가는 것을 좋아해서 자고 있는 가영이를 두고 나간 적이 종종 있었는데, 이 중 몇 차례 정도는 잠자던 가영이가 깨어서 힘들었던 적이 있었다고 한다. 잠에서 깬 가영이는 아빠가 아무래 달래도 울고 난리치며 엄마를 찾았다고 한다. 이런 일이 생기면 가영이는 전보다 더 엄마 옆에 붙어서 떨어지지 않으려 했는데, 심지어 집 안에서 화장실 가는 것도 따라다녔다고 한다.

가영이는 놀이치료 과정 중에 가영이 엄마가 보고했던 위의 상황을 놀이로 표현하였다. 가영이는 놀이실 바닥에 가구들을 꺼내놓으며 침실, 부엌, 거실, 욕실 등을 꾸미고는 사람 인형 중에서 아빠, 엄마, 여자아이를 골라 와서 이 사람들이 사는 집이라고 한다. 인형들을 움직이며 일상적으로 집 안에서 일어나는 상황들을 연출하다가 밤이 되어 자야 한다며 아빠와 엄마를 한 침대에 눕히고 여자아이는 다른 방에 있는 침대에 눕힌다. 잠시 생각하다가 여자아이 침대를 부모 침대 옆으로 옮겨 놓고는 엄마가 친구를 만나러 밖에 나간다며 엄마 인형을 집 밖으로 꺼낸다. 조금 후에 아이가 잠에서 깨어나 엄마가 없는 것을 알고 울기 시작하고, 아빠가 그 소리에 깨어서 아이를 달래다가 야단치기를 반복한다. 그래도 아이가 계속 울자 아빠가 엄마에게 전화해서 빨리 돌아오라고 하고, 엄마가 돌아와 아이를 안고 달래자 아이는 울음을 그쳤으나 엄마 옆에 붙어서 떨어지지 않으려 한다.

어린 아이들의 경우, 등교거부의 원인이 대부분 분리불안인 경우가 많다. 분리불안이 원인인 아동과의 치료에서는 초기 치료자와의 안정적인 치료관계 형성과 치료실 입실 과정에서 부모와 분리되는 과정이 매우 중요한 과제이다. 아동은 치료환경과 놀이에 점차적으로 익숙해지고 놀이를 통해 불안을 해소하고 중기에 접어들면서 점차적으로 놀이를 주도하게 된다. 놀이에서 자신의 갈등의 근원을 인식하고 자신감을 회복시켜 가는 치료과정을 거치게 된다. 말기에는 치료적 목적으로 고안된 자기주장훈련 게임이나 사회적 기술훈련 게임 등에서 치료자의 모델링이나 역할놀이를 통해 구체적인 문제해결 방법을 습득해 가게 된다.

Tip 분리불안 아동의 초기 치료과정

분리불안 아동들의 경우 아동이 엄마와 분리되어 편안하게 놀이하는 것이 쉽지가 않다. 다음의 과정을 통해 엄마와 점진적으로 분리되어 치료자와 치료과정에 몰입하도록 돕는다.

1단계: 처음에 엄마의 무릎을 떠나지 못하는 경우 엄마의 무릎에 앉되, 차츰 바닥에 앉게 한다.

2단계: 엄마와 같은 방에 있되, 엄마는 다른 활동을 한다(읽을거리, 뜨개질, 십자수 등).

3단계: 엄마는 문 밖에 앉아 있되, 아이가 보이도록 문을 열어둔다.

4단계: 놀이방 문을 약간 열어둔다.

5단계: 놀이방 문을 아주 닫는다(그러나 엄마를 보기 원할 때는 확인하게 해 준다).

또한 부모와의 보다 건강한 관계형성이 치료의 중요한 목표가 되므로 부모도 적극적으로 치료에 동참해야 한다. 특히 부모의 불안이 자녀에게 전해져 등교거부증으로 나타나는 경우도 많기 때문에, 반드시 부모의 불안과 양육 방식이 치료과정에서 다루어져야 한다. 뿐만 아니라 긴장과 공포의 문제를 동반한 아동의 경우, 점진적 긴장완화 기법, 명상안내 기법, 체계적 감감법 등을 통해 도움을 줄 수도 있다.

2) 사회불안장애로 인한 등교거부

중학교 1학년인 상민이는 최근 모든 외부 생활을 차단하고 집에만 있다. 상민이 어머니는 처음에 학교를 거부할 때 이러다 나아지겠지 하며 기다렸지만, 시간이 지나면서 상민이의 증상은 더욱 심해져 갔다. 시험이나 발표를 앞두고 상민이는 거의 잠을 잘 수가 없고, 일상생활에서도 학교 운동장을 가로질러 교실로 걸어갈 때나, 수업시간에 선생님이 질문하는 순간, 선생님이 숙제 노트를 들여다볼 때도, 쉬는 시간에 화장실에 가는 일도, 점심을 먹는 일도 상민이에게는 너무나 큰 고통이었다. 모든 순간이 상민이에게는 두려움 그 자체였다. 얼마 전부터 엄마는 직장을 그만두고 상민이를 돕고자 했지만, 공중목욕탕, 동네 슈퍼, 문방구에 가는 것조차 이제는 어려운 일이 되어 버렸다. 어머니 혼자 상담기관을 찾아 상담을 받고, 집에서 노력해 보았지만 진전이 없어 전문 상담사의 방문심리치료와 병원의 약물치료를 병행하고 있다.

사회불안 장애를 가진 십대들의 대부분은 학교를 등교하고 있지만 그들의 속으로는 큰 어려움을 겪고 있다. 일부의 십대들은 불안과 관련이 없는 장기 결석자들로, 이들은 일반적인 무단결석을 하는 경우에 해당한다.

그러나 부모에게 학교에 결석하는 것을 허락해달라고 조르는 사회불안 증상을 가진 십대들은 주로 등교거부 행동을 하는 것으로 볼 수 있다. 후자인 사회불안 증상을 보이는 아동과 청소년들의 특징은 친구들과 관계가 원활하지 않고, 교사와의 관계, 시험에 대한 중압감 등 학교에서 빚어지는 각종 스트레스 상황에 대해 직면하기보다는 피하고자 하는 행동을 보인다. 이들의 경우 그들의 심리 저변에 깔려 있는 불안을 치료하는 것이 등교거부 문제를 해결하는 근원적인 치료법이다.

현재까지 많은 연구자들이 공통적으로 효과를 입증해 온 치료적 방법은 인지행동치료와 약물치료 또는 이들 두 방법을 병행하는 것이다. 인지행동치료는 부적응적인 행동을 확인하고 변화시킬 뿐만 아니라 자기 패배적인 사고 패턴을 이해하고 변화시키도록 돕는 것이다.

이 치료는 내담자의 잘못된 사고와 행동 간의 연결을 끊기 위해 내담자의 불안 상황을 평가하고 비현실적인 사고를 현실적인 사고로 대체하는 작업을 한다. 또한 스트레스를 감소시키고 힘든 상황에서 자기 통제감을 가질 수 있도록 치료사가 기술을 가르치는 방법도 포함된다.

등교거부 아동과 청소년들에 대한 많은 상담사례에서 소개한 노출치료법은 학교에서의 친구들과의 대면이나, 교사와의 만남, 수업시간의 발표, 시험 보기 등 내담자가 두려움을 느끼는 특정 상황에 대해 상상하고 연기하고 실제 상황에서 이행하는 것과 같은 과제를 이행하도록 하는 기술 등이 사용된다. 이 치료는 '두려움을 극복하기 위한 가장 좋은 방법은 두려움을 이겨내기 위해 그 상황이나 두려움의 대상에 정면으로 직면하는 것'을 전제하고 있다.

이러한 방법은 치료자와 일대일로 진행되는 개별치료와 유사한 불안문제를 가진 내담자 집단을 구성하여 작업하는 집단치료에서도 사용 가능하다.

초등학교 5학년인 강석이는 집에서는 비교적 말을 잘하는데 학교나 바깥에서는, 어른은 물론 또래들과도 이야기 나누는 일이 별로 없다. 어렵게 입을 열더라도 웅얼거리듯 하여 강석이의 말소리를 상대방이 잘 알아듣지 못하는 경우가 많은데, 상대가 다시 묻기라도 하면 더 위축되어 아예 입을 닫아버린다. 가족 이외의 사람들과는 눈 맞추기도 힘들어하고, 여러 사람들 앞에서는 긴장해서인지 얼굴도 금세 빨개지고 손은 금세 땀으로 흥건해진다. 그러다 보니 학교 수업 시간에 발표나 대답도 거의 하지 않는다고 하고, 친구들과 어울리는 일도 별로 없다고 한다. 강석이는 점점 더 학교생활뿐만 아니라 바깥활동들을 거부하는 일이 많아졌다. 아이가 크면 나아질 거라 생각했던 강석이 엄마는 아이의 문제를 너무 가볍게 생각한 것 같아 후회막급이다.

강석이는 어릴 때부터 몸이 약하여 유난히 병치레가 많았고, 아토피가 워낙 심하여 강석이도 엄마도 고생을 많이 했다고 한다. 누군가의 도움을 받고 싶었으나 결혼하면서 처음 서울로 올라온 강석이 엄마는 주변에 도움을 줄 지인들이 없었다고 한다. 남편은 일도 바쁘고 출장이 잦아서 엄마와 강석이 단둘이 지내는 일이 많았다고 한다. 아이를 키우는 동안 강석이 엄마는 병약한 강석이가 무언가 스스로 하는 것이 미덥지 않아 뭐든 엄마가 다 해 주었고, 상호작용을 할 대상이 강석이밖에 없어 아이에게 지나치게 몰두했다고 한다. 6세경에 처음 유치원에 보냈으나 아이가 가기 싫어하여 1년간은 보내다 말다를 반복했다고 한다. 이때 아토피로 피부가 깨끗하지 못했던 강석이를 보고 아이들이 놀리는 일이 많았고, 강석이가 상처를 많이 받았다고 한다. 현재 아토피가 많이 좋아지긴 했으나 강석이는 자신의 몸이 노출되는 것을 꺼리며 바깥에 나갈 때 사람들의 시선에 극도로 신경을 쓴다고 한다.

놀이치료 초기에 강석이는 고개를 숙인 채 치료자를 쳐다보지 못하였고, 어쩌다 눈이 마주치면 금세 얼굴이 빨개지며 고개를 숙이곤 하였다. 말도 거의 없이 치료자의 눈치를 살피는 일이 많았다. 치료자와 안정된 관계가 형성된 후에 강석이는 게임을 주로 진행하였는데, 게임 상황에서 강석이는 긴장하여 실수하는 일이 많았고, 스스로 '나는 잘 못해' 혹은 '사람들은 나를 싫어할 거야'와 같은 불합리한 부정적 사고를 가지고 반응하는 모습이 많았다. 치료자는 강석이가 긴장 상황에서 이완하는 방법을 익혀 자신의 능력을 충분히 발휘하도록, 그리고 자신의 부정적 사고를 인식하고 스스로 이를 변화시킬 수 있도록 돕고자 하였다. 강석이는 자신이 잘 해 왔던 게임을 진행하면서도 시작 전에 항상 "오늘은 안 될 것 같아"라고 하였다. 치료자가 이전에 잘 했음을 상기시켜 주어도 여전히 부정적으로 생각하며 게임을 진행하나 실제로는 게임에서 좋은 결과를 얻었다. 게임 결과에 대해 강석이는 "원래는 못하는데 긴장을 안 해서 그래요"라고 말한다. 치료자는 우선 강석이가 스스로 이완 상태에서 더 잘하게 됨을 인식하게 된 것에 초점을 두어 이완 방법(4부 참고)을 알려주고 함께 연습하였다. 그리고 치료자는 강석이의 말과 행동에 나타난 불합리한 부정적 사고를 강석이가 스스로 인식하도록 이를 반영해 주었고, 게임 상황에서 치료자는 스스로에 대한 긍정적 자아진술('나는 할 수 있어' 등)을 보여 줌으로써 강석이가 모델링을 통해 부정적 사고를 변화시키는 방법을 익히도록 하였다.

집단치료에서 내담자들은 자신의 문제를 공유하고 치료자의 중재하에 안전한 치료적 환경에서 새로운 사회적 기술을 시도해 보거나 다른 집단 구성원들이 어떻게 대처하는지 관찰하고 서로 피드백을 줌으로써 다양한 도움을 받을 수 있다.

3) 우울 문제를 가진 등교거부 아동

윤미는 초등학교 6학년 여자아이로 집에서든 학교에서든 다른 사람들과 이야기를 거의 하지 않고 대화 시 시선을 맞추지도 않는다. 자발적으로 이야기를 하는 경우는 드물며 늘 위축되어 있고 소심하게 행동한다. 아침에 일어나지를 못하고 억지로 깨워서 학교를 보내려고 하여도 아무 의욕이 없다.
얼마 전부터 학교 갈 시간에 엄마가 깨우면 심하게 화내면서 등교를 완강히 거부하고 있다. 학교에서 받은 검사에서 우울증이 의심된다는 소견을 들은 적이 있다.

등교를 거부하는 아이들 중에 갑자기 짜증이 심해졌거나, 사람 만나기를 싫어하고, 활동하거나 먹는 것 등 만사를 귀찮게 여기며 이전에 재미있다고 느꼈던 것들에 대해 흥미를 잃은 것처럼 보이는 경우, 우울증이 원인일 가능성이 높다.

이런 경우 부모는 아이와 소아정신과에 내원하여 심리검사를 통해 우울의 수준과 원인을 살펴보고, 심할 경우는 약물치료와 심리치료를, 그렇지 않은 경우는 심리치료를 통해 문제를 개선해야 한다. 우울한 아동을 위한 효과적인 심리치료 기법은 정신역동치료와 인지행동치료로 많이 소개되어 왔다. 우울한 아동의 심리치료에서 핵심은 박탈이나 결핍감을 일으키는 상실의 원인을 찾고 회복하는 것이다.

치료자는 아동의 우울한 삶으로 들어가 의미 있는 사람으로서 상실감을 해결해 주고 구체적 증상들에 대한 직접적인 치료를 이행하게 된다. 아동이 즐거워하는 것, 에너지를 높일 수 있는 것, 잘하는 것 등을 찾아 삶의 활력을 높여 주고, 자존감을 높여 존재 가치감을 높여 주기 위해 부모와 교사, 환경과 소통하며 조정하는 과정이 필요하다.

특히 우울한 아동의 뒤에는 부모의 우울이 배경으로 깔려 있을 가능성이 높으므로 부모의 우울도 중요한 치료의 대상이 된다. 우울한 부모의 변화는 아동의 변화와도 직접 관련이 있으므로 아동상담자와의 관계에서 해결되지 않는 부모의 심리내적 문제가 있다면 부모의 개별 상담을 연계해서 진행해야 한다.

초등학교 4학년 나영이는 소극적이고 친구들과 잘 어울리지 못하고 집에서만 생활하려고 한다. 나영이는 소심하고 겁도 많은데다 자기 표현을 잘하지 못하고 위축되어 있을 때가 많다. 매사에 활기나 의욕도 없고 행동도 너무 느려 무언가 질문하거나 지시하면 반응이 늦게 나타난다. 최근에는 숙제를 하려고 책상에 앉아서도 그냥 멍하니 앉아있을 때가 많고, 조금만 뭐라 해도 잘 울고, 갑작스레 짜증을 내는 일이 많아졌다. 가족과의 외출뿐 아니라 학원과 학교 가는 것도 귀찮아하고 가기 싫다면서 거부한다. 어쩔 수 없이 나가야 하는 경우에는 행동이 너무 느려서 보는 사람의 속을 태운다.

나영이는 어릴 때 순한 아이였다고 한다. 나영이 엄마는 나영이 생후 3개월부터 5세까지 직장을 다녀서, 나영이는 4세까지는 3명의 베이비시터가 돌봐주었고, 4세부터는 어린이집에 다녔다고 한다. 어린이집에 가기 시작한 처음 한달간 나영이는 엄마와 헤어질 때 많이 울고 힘들어했고, 어린이집에서는 친구들이 자기 물건을 빼앗아가도 대응하지 못했다고 한다. 나영이 5세 때 엄마가 동생을 출산하고 직장을 그만두었으나 동생이 몸이 약하여 많이 아팠고 엄마는 그런 동생을 돌보느라 나영이와의 시간을 갖기가 어려웠다고 한다. 초등학교 입학 후에는 아빠의 직장 문제로 3번의 이사와 전학을 했는데 환경이 바뀔 때마다 나영이는 적응에 어려움을 보였다고 한다. 엄마의 보고에 따르면, 나영이는 착하고 자기표현도 잘 하지 못해 동생과의 관계에서 양보하고 참는 아이였고, 반면 동생은 욕심도 많고 자기 주장도 세어 언니에게도 지지않는 아이였다고 한다. 또한 동생은 모든 면에서 빠르고 성취욕구가 강해서 여러 활동이나 학습에서 두각을 나타낸 반면 나영이는 그렇지 않아 키우면서 많이 비교가 되었다고 한다.

이러한 성장과정 속에서 나영이는 우울감이 높아져 매사 의욕과 동기가 없고 매우 무기력한 상태가 되었다. 이러한 모습은 초기 놀이치료과정에서도 그대로 나타났다. 나영이는 놀이치료 상황에서 한 자리에 앉아 움직이지 않고 해 보고 싶은 것이 없다며 탐색이나 선택하는 행동을 전혀 하지 않았다. 치료자가 꺼내 보여주는 몇몇 놀이감에 시선을 돌리며 관심은 보이나 진행하지는 않았다.

나영이의 경우에는 초기 애착관계의 결핍을 치유하고 현재 무기력감에서 벗어나도록 돕기 위해 발달놀이치료와 치료놀이 이론을 적용한 신체 접촉 활동들을 놀이치료과정에서 치료자가 적극적으로 진행하였다.

치료자는 베이비 파우더, 밀가루, 물, 반죽통을 준비하여 아동과 밀가루 반죽을 이용한 손도장 찍기를 진행하였다. 먼저 치료자와 나영이는 반죽통에 밀가루와 물을 넣고 반죽을 시작하였다. 함께 반죽하는 동안 나영이는 치료자의 손이 자신의 손에 닿거나 하면 피식 피식 웃으며 치료자의 반응을 살폈고, 반죽하는 동안 내내 나영이는 나오는 웃음을 참느라 애썼다. 반죽이 다 된 후에 준비된 물로 서로의 손을 씻어준 다음, 치료자가 나영이에게 서로의 손에 파우더를 묻혀주자고 하자 나영이는 조금 머뭇거렸으나 치료자가 나영이의 손에 파우더를 묻히려하자 자신의 손을 내밀었다. 이때 나영이의 팔에는 힘이 잔뜩 들어가 나영이가 긴장하고 있음을 느낄 수 있었다. 치료자가 치료자의 손을 내밀며 파우더를 묻혀달라 부탁하자 또 다시 나오는 웃음을 참으며 손가락으로 찍어 바르듯 치료자의 손등에 파우더를 묻혀주었다. 준비된 반죽에 한 사람은 손을 올리고 다른 사람은 도장이 잘 찍히도록 눌러주며 활동을 진행하였는데, 손도장을 찍어주는 동안 나영이는 치료자와 눈이 마주 칠 때마다 웃음을 참지 못했다. 치료자가 먼저 나영이의 손도장 찍기를 도와준 후, 나영이가 치료자의 손도장 찍기를 도와주었는데, 이때 나영이는 적극적으로 치료자의 손을 눌러주며 치료자를 도와주었다. 약 7회기 동안 이러한 신체 접촉 활동이 진행되었고, 이후 나영이는 여러 활동에 의욕을 가지고 스스로 놀이를 선택하여 적극적으로 진행하였다.

* 발달놀이치료와 치료놀이의 치료원리 *
발달놀이치료에서는 건강한 접촉을 경험한 아동은 건강한 성숙을 향해 성장하면서 초기의 외상과 방임으로부터 치유된다고 하였다. 치료놀이에서도 과거에 초점을 두지 않고 '지금-여기'를 강조하며 신체적 접촉을 통해 생의 초기 단계에서 이루지 못했던 모-자 애착관계를 다시 형성하고자 하였다.

4) 외상 후 스트레스 장애로 인한 등교거부 아동

초등학교 2학년 민희는 어릴 때부터 기질적으로 예민하였고, 내향적인 성격에 상처를 잘 받는 심약한 아이였다. 몇 달 전 민희는 방과 후 수업을 마치고 학교 운동장에서 친구들과 놀다가 낯선 아저씨로부터 횡포를 당한 적이 있다. 그는 아이들에게 심한 욕설과 폭력을 휘둘렀다. 민희는 낯선 아저씨에게 어디론가 끌려가려다 학교 교사로부터 구출된 경험을 하였다. 그 사건 이후 민희는 밤에 악몽을 꾸고 식은땀을 흘리며 자주 깨고, 부모와 함께 자기를 요구하였다. 아침과 낮에도 엄마에게 매달리며, 떨어지지 않으려 하고 밖에 나가서 학교 가는 것을 고통스러워하기 시작하였다. 특히 학교 운동장을 보거나 지날 때는 공포에 질려하며 부모가 교실까지 데려다 주기를 요구하였다.

등교거부 행동을 하는 아동과 청소년들의 일부는 학교에서 심각한 폭력이나 집단 괴롭힘을 당했거나 왕따, 본인이나 친구의 사고, 감당하기 어려운 교사의 체벌 등과 같은 충격적 사건으로 큰 심리적 상처를 입은 경우도 있다. 그들은 그때의 사건이 떠오르거나, 그때의 감정에 사로잡히는 것이 두려워 관련된 장소와 활동을 피하고자 등교를 거부하는 것으로 볼 수 있다.

뿐만 아니라 학교 밖에서의 미해결된 분리나 상실과 같은 외상적 경험으로 학교 등교에 어려움을 보이는 경우도 있다. 이들은 우선적으로 심리검사를 통해 외상 후 스트레스 장애와 관련된 증상의 유무와 강도를 평가해 보아야 한다. 검사결과를 통해 약물치료와 같은 다른 정신의학적인 치료가 필요한 경우는 심리치료와 병행해야 한다. 심리치료적인 접근으로는 언어 상담이나 외상적 경험을 매체를 통해 표현할 수 있는 (모래)놀이치료, 미술치료, 독서치료, 글쓰기 등을 이용할 수 있다.

초등학교 1학년인 다영이는 어릴 때부터 매우 예민하고 까다로웠고, 겁도 많아서 매사에 매우 조심스러운 아이였다. 유독 소리에 민감하여 작은 소리에도 깜짝 놀라고 목소리 큰 사람을 무서워하기도 했다. 유치원 때 수영을 배운 적이 있었는데, 담당 수영 선생님이 목소리도 큰데다 장난치는 다른 아이들을 벌세우고 야단치는 모습을 본 뒤로는 선생님이 너무 무섭다며 수영장 가기를 거부해서 중단한 적이 있었다. 학교 입학 후 종종 예전 수영 선생님 이야기를 하며 지금 담임선생님과 많이 닮았다고 이야기하곤 했었다. 그런데 얼마 전 다영이 반 남자아이가 5학년 형들의 못된 장난으로 심하게 다쳐서 다영이 담임선생님과 5학년 선생님이 그 형들을 크게 꾸짖고 체벌하는 일이 있었고, 이때 선생님이 사용하던 회초리가 교탁에 부딪혀 부러졌다고 한다. 이후 다영이는 선생님이 무섭다며 학교 가기를 거부하고, 엄마나 아빠가 조금만 크게 말해도 화났냐며 걱정하며 불안해하고, 소리에 놀라는 반응이 전보다 심해졌다.

놀이치료 과정에서 다영이는 학교 상황에서의 불안을 놀이로 표현하였다. 다영이는 아이들 인형을 몇 명 선택한 후, 아이들이 학교에 간다고 한다. 그중 어떤 아이는 즐겁게 학교에 가지만 어떤 아이는 학교 가기 싫다며 엄마에게 데려다 달라고 조른다. 또 어떤 아이는 엄마와 함께 학교에 왔다가 엄마가 집으로 돌아가려 하자 같이 가겠다며 울기도 하는데, 이 모습을 본 친구들이 아이를 놀리고 선생님은 아이에게 화가 났다고 한다. 미술 시간에 한 아이가 색칠을 하지 않겠다고 해서 선생님이 그 아이를 혼냈고, 친구들을 밀고 때리는 심술꾸러기 아이들은 벌을 세운다. 조금 후에 새로운 선생님이 등장했는데, 이 선생님은 조금 무서운 선생님이라고 한다. 새로운 선생님은 어떤 아이가 색칠을 꼼꼼하게 하지 않았다며 야단치고 매도 때리고, 어떤 아이는 기도를 안 하고 밥을 먹었다고 벌을 세우고 깜깜한 곳에 가둔다고 한다. 조금 후에 학교에 귀신이 나타나는데, 아이들을 잡아먹으러 온다고 한다. 아이들이 무서워 숨고 피하는데 선생님은 귀신들에게 아이들이 어디 숨어 있는지 알려주면서 잡아먹으라고 한다. 아이들이 엄마에게 도움을 요청하고 엄마가 와서 귀신들을 물리치고 아이들을 집으로 데려간다.

놀이를 통해 외상에 대한 감정과 상황을 표현하게 하고 그 상황에 대한 불안과 두려움을 표현해내고 이겨내도록 격려하고 지지하는 과정을 거친다.

또한 과거의 외상적 경험과 현실적 위험과의 관련성에 대한 자신의 감정을 객관적으로 인식하고 명확히 하도록 도움을 줄 수 있다. 그 밖에도 실제 학교에서의 외상적 경험을 재현하고 대처할 수 있는 자기주장 훈련이나 사회적 기술 훈련도 시행할 수 있다.

2. 또래관계 문제로 인한 등교거부 아동을 위한 접근

초등학교 5학년에서 6학년으로 올라가는 겨울방학을 마치고 승민이는 학교 가기를 거부했다. 아이가 중요한 6학년 진급을 앞두고 이런 일이 벌어져 부모는 너무나 당황하고 걱정이 되어 잠을 이룰 수가 없었다고 하였다. 다 큰 자녀가 학교에 안 가겠다는 강력한 자기주장을 하며 전학을 보내달라고 생떼를 쓰니 부모 입장에서는 참으로 난감한 일이었다. 승민이에게 차분히 이유를 물어보니 그간 승민이에게 참으로 힘든 일이 일어났었다는 것을 알게 되었다. 반에서 친한 친구가 많지 않아 늘 홀로 지냈고, 그나마 친하게 지내던 친구 한 명과 관계가 나빠졌는데 어떻게 풀어야 할지 모르겠다는 것이다. 맞벌이 부부로 물질적으로는 풍요롭게 키웠지만 속으로 어떤 힘든 일이 있는지를 알아봐 주지 못했던 부모는 엄청난 죄책감을 느꼈다고 한다. 승민이와 친하게 지냈던 그 친구가 다른 친구들과 편을 먹고 승민이를 따돌렸고 그중 몇 명의 친구가 6학년에서 같은 반이 되는 바람에 불안해서 도저히 학교에 갈 자신이 없다는 것이었다. 부모는 아이가 소심하고 내성적인 성격이라 친구 맺기를 어려워한다는 것만 대략 생각했지 문제가 이렇게까지 발전되어 심각해졌는지 몰랐다는 것이다.

등교를 거부하는 아동과 청소년들 중에는 또래관계에 어려움을 보이는 경우가 많다. 같은 학교 내에서 새 학년으로 올라가거나 초등학교, 중학교,

고등학교 등의 새로운 학교로 진학하는 일은 사회성에 어려움이 있는 아이들에게는 엄청난 스트레스 사건이 아닐 수 없다. 마음은 친구를 사귀고 싶지만 어떻게 말을 걸고 재미있게 지낼 수 있는지 방법을 모르는 아이들도 있다. 등교거부 아동의 치료에서 사회성 치료는 빼놓을 수 없는 부분이다. 등교거부 아동의 사회성 문제해결은 또래관계에 잘 적응할 수 있도록 하기 위한 행동변화에 일차적 관심을 두지만, 아동들의 정서적인 어려움을 해결하는 과정도 중요한 목표로 다루어진다. 등교거부 아동의 사회성 문제를 해결하기 위해서는 개별 치료, 짝 치료, 집단 치료 등 다양한 치료적 구조가 활용되고, 적용되는 매체도 사회성 훈련을 목적으로 고안된 놀이, 게임, 독서자료, 미술도구 등 다양하다. 이들을 위한 사회성 기술 훈련의 목표는 다른 사람과의 관계에서 긍정적 관계를 유지하고, 주도적 역할뿐만 아니라 타인의 지시에 따라 행동하거나 적절한 방법으로 필요한 것을 요구하는 것, 또래에게 수용되고 학급생활에 적응할 수 있도록 돕는 것이다. 즉, 기본적인 상호작용 기술, 대화 기술, 친구를 사귀는 기술 등 다양한 사회적 환경에 효과적으로 대처하고 적응하는 기술을 배우는 것이다.

등교거부 아동의 사회적 기술을 향상시키기 위한 전략은 크게 두 가지 영역으로 나누어지는데, 대처기술과 사회적 문제해결이다. 대처기술에는 의사소통하기, 자기 표현하기, 자기 지각하기, 타인에 대해 판단하기, 사회적 지지를 조직하기, 칭찬 주고받기, 대화 시작하기, 주장하기, 감정 표현하기, 공감하기, 협상하기, 도움 청하기, 또래-친구관계 기술, 책임 있는 의사결정하기 등이 포함된다. 사회적 문제해결은 인사하기(상대방의 이름을 부르며, 안부를 묻고, 그 안부에 대한 대답을 한 다음에 이어서 말하기),

들기(상대방의 이야기를 들으며 듣는 행동이나 말로 반응하기), 질문하기와 질문에 답하기(개방적인 질문 방식을 활용하여 이야기 주제에 맞게 질문하고 그것에 대한 답하기), 대화에 끼어들기(상대방의 이야기를 들으며 이야기 도중에 끼어들어 자신의 의견이나 경험과 비슷하다든지 정반대 된다든지의 요령을 나타내기), 상호작용 시작하기, 유지하기, 규칙 따르기, 도움받기, 또래 압력과 괴롭힘에 저항하기, 부정적 피드백, 표현하기, 주장하기, 타협하기, 자기 통제하기, 공감하기 등이 포함된다. 위의 내용은 모든 아동들에게 획일적으로 적용된다기보다는 심리검사 결과와 상담자가 소견에 의해 각각의 아동들에게 필요한 내용으로 구성하여 차별적으로 적용된다.

사례 엿보기 - 동석이 이야기

초등학교 4학년인 동석이는 친구들이 자신을 따돌리고 같이 놀지 않는다며 학교 가기가 싫다고 하거나 다른 학교로 전학을 시켜달라고 조른다. 동석이는 아이들이 이유 없이 자기에게 툭하면 짜증내고 화를 내고, 모둠 활동에서도 자신의 말이나 의견은 들어주지 않고 무시하는 경우가 많다고 속상해한다. 동석이 말에 의하면 아이들과 사이에서 다툼이 일어나면 잘못이 없는데도 모든 아이들이 동석이가 잘못했다고 하고 선생님조차 자기 이야기는 듣지도 않고 아이들 말만 듣고는 자신만 야단쳐서 억울하다고 한다.
그러나 친구들과 선생님 말에 의하면, 동석이는 무엇이든 자기 마음대로 하려는 것이 많아 집단 활동에서 갈등을 많이 일으킨다고 한다. 만약 자기 뜻대로 되지 않으면 아이들을 괴롭히며 활동을 방해할 때가 많고, 자신의 행동에 대한 반성보다는 아이들을 원망하고 남의 탓을 할 때가 많다고 한다.

그리고 성격이 급하고 충동적인 면이 있어서인지 상황을 살피거나 상대의 의견을 묻기 전에 행동을 먼저 해버려서 친구들을 다치게 하거나 화나게 하는 일들이 많다고 한다(예를 들어, 친구가 새로운 물건을 가져왔을 때 봐도 되는지 묻기 전에 확 가져가 버리는 등의 행동들).

동석이는 어릴 때부터 활동량이 많고 성격이 급한 편이어서 다치거나 망가뜨리는 등의 작은 사고가 많았으나 크면서 조금씩 나아졌다고 한다. 외동이로 자란 동석이는 집에서는 항상 자기 뜻대로 해 왔다고 한다. 동석이 부모는 맞벌이를 하다 보니 아이에게 미안한 마음에 아이의 뜻을 거의 들어주었다고 한다. 그래서인지 어릴 때부터 남에게 양보를 한다거나 나눠 쓰는 것이 어려웠고 의견이 맞지 않을 때 다툼이 많았다고 한다. 동석이 엄마는 이런 갈등 상황이 싫었고 직장 때문에 시간도 없어 또래들과 어울릴 기회를 많이 만들어 주지 못했다고 한다. 집단 활동을 시작하면서 동석이는 또래들과 부딪히는 일이 많았고, 동석이 엄마는 아이를 야단치는 일이 많아졌다고 한다. 동석이 부모는 이것도 크면 나아지겠지 하고 지켜봤는데 문제가 더 심각해진 것 같고, 어떻게 해야 할지 막막하다며 하소연하였다.

동석이는 개별놀이치료 과정에서도 자기 마음대로 하려는 것이 많았고, 말보다는 행동이 앞설 때가 많았다. 게임 상황에서 동석이는 갑자기 자기 마음대로 규칙을 바꾸려 하였고, 이에 대해 치료자가 제한하면 미성숙하게 떼를 쓰거나 치사하다며 치료자를 탓하며 게임을 중단하였다. 또한 각자 figure를 선택하여 놀이를 준비하는 상황에서 치료자가 살피고 있는 figure를 말없이 획 가져가는 경우도 많았다. 이런 동석이의 행동들은 또래 관계에서 갈등을 일으키고, 이에 대한 동석이의 인식 부족이 문제를 더욱 악화시킬 수 있다. 치료자는 개별치료 과정에서 동석이가 자신의 행동이 무엇이 문제이고 그에 대한 상대방의 입장이 어떠한지를 알 수 있도록 동석이의 행동을 반영해 주고, 그에 대한 치료자의 입장이나 감정을 표현하였다. 이와 더불어 집단놀이치료를 통하여 동석이가 또래와 긍정적 관계를 맺고 이를 유지해 나갈 수 있는 사회적 기술을 배우도록 하였다.

3. 학습문제로 인한 등교거부 아동의 치료적 접근

현식이는 외국에서 초등학교와 중학교 과정을 마치고 얼마 전 한국으로 들어와 고등학교에 다니고 있다. 현식이는 자율적으로 사고하고 자유분방했던 외국의 교육시스템과는 달리 한국의 입주 위주와 획일적이고 엄청난 학습량에 충격을 받은 상태이다. 그는 외국에서 공부와 취미활동을 병행하면서도 늘 좋은 점수에 높은 리더십을 발휘하여 상을 받을 정도로 교사들에게나 친구들에게 인기 있는 아이였다. 그러나 현재 다니는 학교에서는 성적은 하위권에 머물고, 반 친구들과 학습방법과 진도가 너무 맞지 않아 대화에 끼어들 수가 없었다. 갑자기 자신이 공부를 못하는 아이로 전락한 것과 외톨이가 되어 친구들과 잘 지낼 수 없는 현실이 너무 괴롭고 잘하고 싶지만 그 방법과 기술을 발휘할 수가 없어 더 답답한 심정이다. 과외와 학원을 다니기로 하였지만 기본적으로 현식이의 공부 스타일과는 너무나 달라서 공부 방식을 익히는 데 큰 고통을 느끼고 한국 학교에서 공부 잘하는 아이가 될 의욕조차 없다고 한다. 현식이는 이제 학교가 싫다고 한다. 자신이 바보가 되는 그곳으로 아침마다 들어서는 것이 죽도록 싫다고 한다. 어떻게 해야 할까.

등교거부 아동이나 청소년들 중에는 그 원인이 학습과 관련된 경우가 있다. 이런 경우 병원이나 아동전문기관에서 실시하고 있는 인지능력검사와 주의력검사, 학습 능력과 동기, 전략 검사 등을 통해 아동의 학습 관련 문제를 구체적으로 알아보고 개입을 해야 한다. 결과적으로는 학습이라는 공통된 어려움을 나타내고 있지만 그 이면에는 경계선 인지지능, 학습장애, 인지발달의 불균형, 주의집중력의 문제, 학습 동기와 방법의 문제 등 다양한 원인들이 숨어 있을 수 있다.

학습 문제를 가진 아동들이 매일매일 열등하고 못난 자신을 만나기 위해 학교에 가는 것이 얼마나 고통스러운 일인지를 상상해 보자. 이 아동들에게 등교를 거부하는 행동 그 자체를 수정한다는 것은 '매일매일 속이 썩어가는 빛 좋은 과일'을 닦고 있는 일이나 마찬가지인 것이다. 학교는 공부를 하는 곳이므로 공부를 잘할 수 있도록 길을 열어 주는 것이 학교에 대한 아이들의 마음을 열어 주는 것이다.

① 학습장애의 경우

등교를 거부하는 아동 중 또래에 비해 학습에 어려움을 보인다면 특히 주의하여 살펴보아야 한다. 검사 결과에서 인지발달의 불균형적 문제나 학습장애가 의심되는 소견이 나왔다면 적극적으로 인지치료나 학습치료를 받아야 한다. 치료를 통해 아이의 문제특성과 정보처리과정 상의 결함을 찾고 취약한 부분을 수정하고 보완한다면 좋은 예후를 맞이할 수 있다.

특히 읽기 장애와 쓰기 장애, 산수 장애의 경우 학년이 올라갈수록 그 영향이 커진다. 그러나 발견 당시부터 꾸준히 기초개념 습득과 기술을 습득하게 도와준다면 학년이 올라가더라도 다른 아이들과의 격차를 줄일 수 있을 것이다. 학습장애아동의 경우, 약점을 보완하되 장기적으로는 아동의 강점에 초점을 두어 자존감과 학습동기를 높이는 것이 중요하다.

② 경계선 지능을 가진 경우

가정에서 아동과 부모가 열심히 학습적 노력을 하는 것에 비해 결과가 좋지 않은 경우 지능문제를 의심해 보아야 한다. 아이가 가지고 있는 인지능력에 비해 학교의 학습내용은 어렵고 진행속도는 빠른데 부모는 아이에게 다른 아이들만큼 성적을 올리지 못하는 것에 불만족해하며 아이를 닦달한다.

아이의 인지능력검사를 받아 보고, 아이의 현재 수준을 객관적으로 인식하고 받아들여 아이에게 적합한 학습목표를 정해야 한다. 이런 아이들에게는 인지학습치료적 접근을 통해 아동의 부족한 부분을 보완하여 학년이 높아짐에 따라 생기는 격차를 줄이는 작업이 필요하다.

또한 이 아동들이 보이는 공통된 특징으로 규칙적인 반복학습이나 안정적인 과제 수행에 대해 잘 따르고 유지하므로 구체화되고 아이의 수준에 맞는 적합한 학습 환경과 과제, 전략을 세우는 것이 필요하다.

이런 아동들은 인지능력의 결함으로 또래 관계에서 문제해결능력이 낮고 상황에 대한 대처기술이 취약하므로 문제해결을 위한 사회성 집단프로그램을 통해 사회적 능력을 높여 주는 것도 필요하다. 나아가 아동이 흥미를 가진 진로영역을 발굴하여 키워 주는 것이 아이의 행복을 찾아주는 길이다.

③ 주의력 문제를 가진 경우

아동이 주의 집중에 어려움이 있는 경우도 학교생활에서 고통을 야기한다. 주의력은 뇌의 발달과 함께 유아기부터 점차적으로 발달해 가며 초등학교 시기가 되면 주어진 과제에 몰입하여 일정 시간을 앉아 있을 수 있는 것이 가능해진다.

특히 수업시간에 다른 여러 자극 중 가장 중요한 자극을 선별하고 의식적으로 주의 집중하는 노력을 하여 학교 학습도 가능하게 된다. 그러나 주의 집중에 어려움이 있는 아동은 이러한 과정이 불가능하며 수업시간에 배운 내용을 이해하거나 알고 발표할 수 없으므로 부진아로 낙인이 찍히고 스스로도 학습에 대한 흥미와 자신감이 떨어지게 된다.

주의력 문제를 가진 아동의 경우, 정밀한 주의력 검사를 먼저 받아야 한다.

정서적 문제로 인한 주의력 문제라면 개별 심리치료적인 접근이 필요하고 신경 의학적 개입이 필요한 경우라면 병원에서 약물치료와 심리, 행동치료를 병행하는 것이 필요하다.

심리행동치료의 경우, 정서치료를 통해 정서적 안정을 먼저 도모하고 구체적 문제해결을 위해 주의집중력 훈련이나 행동조절 훈련을 실시하는 것이 효과적이다. 주의력 문제를 가진 아동에 대해 장기간 정서치료에 머물거나 정서적인 부분에 대해 간과하고 행동 그 자체를 치료하기 위한 접근보다 아동의 증상의 유형이나 원인을 잘 파악하여 다양한 치료적 전략을 계획하는 것이 효과적이다.

④ 학습 동기와 방법, 전략에 어려움을 지닌 경우

평범한 발달상의 배경을 가진 아이가 또래에 비해 공부를 못하거나 학습에 있어 긍정적 성과를 얻지 못한다면 학교에서의 일상이 즐거울 리가 없다. 친구들이 '공부 잘하는 아이'의 왕관을 쓰고 학교에서 받는 특별대우가 부럽기도 하지만 늘 열등한 자신을 확인하게 되는 그 환경을 피하고도 싶을 것이다. 이런 아이들이 등교를 거부하는 것은 자기를 보호하려는 차원으로도 해석해 볼 수 있다.

노력을 해 보았지만 지속적으로 변화가 없다면 반복된 좌절경험으로 아동은 동기가 떨어지고, 자신이 유능감을 얻을 수 있고 인정받을 수 있는 다른 곳에 관심을 돌리면서 자신에 대한 존중감을 유지하려 할 것이다. 이것이 바로 게임에 빠지거나 비행친구들과 어울리거나 이성친구와의 사귐에 몰입하게 되는 이유이다.

부모들은 자녀가 정상적인 지능을 가지고 있고, 두드러진 정신건강상의 문제가 없으며, 의심되는 학습 관련 장애를 동반하지 않는 경우인데 학습에 어려움을 지니고 있다면 학습 동기와 방법, 전략의 문제로 원인을 추측해 봐야 한다.

너무 어린 연령에서부터 학습을 강요받았거나, 공부를 통한 성취경험을 해보지 못한 경우, 미래에 대한 불확실감으로 학습동기가 없는 경우, 어릴 때부터 부모의 무관심으로 학습경험을 쌓지 않아 습관이나 스스로 터득한 방법이 없는 경우, 자신이 외운 것을 장기적으로 보존하는 기억책략을 사용하지 못하거나, 외국에서 한국으로 들어와 공부방법이 완전히 다른 경우 등등 많은 원인들을 찾아볼 수 있다. 이러한 경우는 학습코칭을 상담의 목표로 하는 학습상담 접근을 시도해 보는 것이 도움이 될 것이다.

🐥 사례 엿보기 – 민석이 이야기

(학습 동기와 방법, 전략에 어려움을 지닌 경우)
초등학교 3학년 민석이는 학교 갈 시간이 되면 자꾸 딴짓을 하며 시간을 끌고 학교에 가기 싫다는 말을 입에 달고 산다. 결국 민석이는 아침마다 엄마가 소리 지르며 억지로 문 밖으로 밀어내야 집을 나선다. 아파트 베란다에서 등교하는 민석이를 보고 있노라면 엄마는 속이 터진다. 뛰어가도 늦을 시간인데도 민석이는 온갖 딴짓을 하며 시간을 끌다가 지각하기 일쑤이다. 학교뿐만 아니라 민석이는 학원 가는 것도 귀찮아하고 툭하면 학원을 빼먹고 친구들과 어울려 노는 일이 많다. 민석이는 처음 얼마 동안은 신나게 학원을 잘 다니다가 시간이 좀 지나면서 내용이 조금 어려워지거나 숙제가 많아지면 학원 가기를 귀찮아하며 자꾸 빼먹기 시작한다. 민석이 엄마는 계속 보내 보려 노력하지만 아이와의 씨름에 지치면 이렇게 싫어하는데 억지로 보내야 하나 싶어 중단한 적이 많다고 한다.

민석이와 엄마는 숙제나 공부할 때도 이와 비슷한 상황을 반복한다고 한다. 민석이는 혼자서는 10분을 책상 앞에 앉아 있기가 힘들고, 그나마 엄마가 옆에서 봐 주어야 하는데 공부를 하다가도 조금만 어려우면 짜증내며 더 이상 하지 않고 포기할 때가 많다고 한다. 엄마가 도움을 주려고 해도 듣지 않고 한동안 민석이와 엄마의 실랑이가 이어지다 끝 엄마도 포기하게 된다고 한다. 요즘 민석이는 툭하면 "나는 못하는데 뭐……"라며 무엇이든 아예 시도조차 하지 않으려 해서 엄마는 걱정이 많다. 최근 담임선생님께서도 아이가 수업시간에 멍할 때가 많고, 수업내용을 따라오지 못한다며 걱정하셨다고 한다.

민석이 엄마는 손이 귀한 집안으로 시집을 와서 아들을 낳아야 한다는 부담감이 컸다고 한다. 민석이 부모는 여러 노력 끝에 40이 넘은 나이에 어렵게 민석이를 낳았는데, 어릴 때 민석이가 몸이 허약하여 병치레가 잦았다고 한다. 이런 상황이다 보니 민석이 부모는 물론 조부모님까지도 민석이를 귀히 여기며 애지중지했다고 한다. 민석이가 무엇이 필요한지 말하기 전에 미리 알아서 챙겨 주었고, 뭐든 다 해 주었다고 한다. 특히, 민석이 부모는 아이가 어려워하거나 힘들어하는 것을 볼 수가 없어 대신 해 주거나 나중으로 미루는 일이 많았다고 한다. 민석이 엄마는 남편과 자신의 이런 태도가 아이를 더 약하게 만든 것 같다며 괴로워하였다.

민석이는 놀이 과정에서도 조금만 어렵게 느껴지거나 게임에서 지는 등의 좌절 상황이 되면 활동을 중단하며 쉽게 포기하는 모습을 보였다. 주로 figure를 가지고 전쟁놀이를 하던 민석이는 게임들을 둘러보다가 게임하겠다며 몇 가지 게임을 꺼냈다.

민석이는 치료자가 게임 방법을 설명하면 기억력이 필요하다거나 게임 규칙이 복잡하게 느껴지는 게임들은 재미없겠다며 하지 않았고 게임 중 간단한 규칙의 '텀블링 멍키'를 선택하여 진행하였다. 게임을 하면서 즐거워하던 민석이는 점차 원숭이들이 떨어지기 시작하자 불안해하였다. 치료자가 자신보다 원숭이를 많이 떨어뜨리자 매우 좋아했으나 금세 역전되어 치료자보다 자신이 떨어뜨린 원숭이가 많게 되자 재미없다며 게임을 그만하겠다고 하였다.

치료자가 게임에서 질 것 같아 불편한 민석이의 마음을 읽어 주고 처음엔 치료자가 더 많이 떨어뜨렸다가 바뀐 것처럼 또다시 역전될 수 있음을 이야기하자 다시 게임을 진행하였다.

그러나 상황이 역전되지 않고 계속 자신이 떨어뜨린 원숭이의 수가 많아지자 게임을 중단하고 그냥 전쟁놀이를 하겠다며 figure를 선택하였다. 이 전쟁놀이에서 민석이는 어느 회기 때보다도 강하고 거칠게 치료자 팀을 공격하였다.

민석이는 놀이치료를 통해 자아존중감을 회복하여 좌절을 견디는 힘을 키우고 학업을 포함한 여러 활동에 대한 동기를 갖도록 함과 동시에, 학습치료를 통해 학습 방법 및 전략에 대한 실제적인 도움을 받아 학습에 대한 유능감을 경험할 수 있도록 하였다.

텀블링 멍키 게임

구멍 뚫린 나무통에 세 가지 색깔 막대를 꽂아 나무통의 구멍을 최대한 막아놓고, 나무통 위로 원숭이들을 넣는데 원숭이들은 꽂아놓은 막대에 걸리게 된다. 막대의 색과 같은 세 가지 색이 있는 주사위를 던져서 나온 색깔의 막대를 하나 뽑고 이때 원숭이가 떨어지면 막대를 뽑은 사람이 갖게 된다. 원숭이를 많이 떨어뜨린 사람이 게임에서 지게 된다.

4. 부모와 가족문제로 인한 등교거부 아동의 치료

등교거부행동의 근본 원인이 부모나 가정에 있을 때 아동의 치료와 더불어 부모상담과 가족치료가 동반되어야 한다. 부모의 개인심리적인 문제이거나 부모-자녀 관계의 문제, 부부 관계 문제, 나아가 가족 전체가 구조적으로나 기능적으로 어려움을 지니고 있다면 치료의 대상은 아동과 청소년에서 부모와 가족으로 확대되어야 한다.

문제의 원인이 되는 환경은 그대로 둔 채 아동 행동 변화만을 목표로 한다면 아동치료의 효과는 더디고 진전을 보이기 어려울 것이다. 따라서 등교거부 아동을 치료할 때 치료자는 치료 대상의 영역을 아동의 심리치료에만 제한하지 않고 부모의 개별치료, 부부상담, 부모-자녀 관계, 가족치료 등으로 확대하여 시도하는 작업이 필요하다.

1) 부모상담 및 교육: 등교거부 아동의 부모와 작업하기

① 치료과정 이해시키기

등교거부 아동의 부모와 작업할 때 무엇보다 중요한 것은 부모에게 치료과정에 대한 전반적인 안내와 치료과정에서 일어날 수 있는 사건, 아동치료를 위한 부모상담의 치료적 효과, 등교거부 아동의 치료과정상의 특성 등에 대해서 설명할 필요가 있다.

등교거부 아동의 경우, 치료실 안에서 치료자와의 작업으로 문제가 모두 해결되는 것이 아니라 치료실 밖, 학교, 가정에서 어떻게 협력해야 하는지가 매우 중요하다. 치료세션에 빠지게 되는 경우, 이후 상담과정에 어떤 영향을 미치는지와 아동의 등교거부 행동이 치료에 대한 저항행동과 유사한 패턴으로 나타날 수 있는 가능성, 초기 치료적 저항행동이 치료기간의 단축과 연장에 어떻게 영향을 주는지에 대해 우선적으로 숙지시키는 것이 필요하다. 아동의 등교거부 행동을 변화시키기 위한 아동과 부모의 노력을 교사에게 알려 함께 협력해 가는 노력을 촉구할 필요도 있다.

② 부모의 정서적 문제 다루기

대개 아동의 증상은 부모의 정서적 어려움을 배경으로 하는 경우가 많다. 등교거부 아동의 경우도 마찬가지로 부모의 높은 불안이나 우울, 사회적 관계에 대한 두려움이나 공포 등이 핵심적인 정서 문제로 기저에 숨어 있을 가능성이 높다. 이러한 기존의 정서적 어려움과 더불어 아이가 등교거부 행동을 해올 때 부모는 어떻게 할지를 몰라 부모의 불안은 더욱 가중되고 양육 스트레스는 높아지며 양육 효능감은 떨어질 수밖에 없다.

특히 우울한 부모들은 에너지 수준이 낮아 아동의 문제행동에 대한 개선의지나 행동 실천력이 부족하여 아동의 문제행동을 방치하기 쉽고 결국 문제가 악화되는 경우가 많다. 따라서 아동의 등교거부 행동의 근원이 되는 부모의 불안이나 우울과 같은 정서적 문제는 성인 심리검사를 통해 알아보고 개별심리치료나 약물치료를 병행할 것을 권해야 한다.

또는 가족 내의 역기능적 문제나 부부문제로 인해 아동이 문제행동을 발현시킨 경우라면 근본적인 해결을 위해 부부상담이나 가족상담을 권하고 의뢰해 주는 것도 바람직하다. 그리고 치료자는 부모가 치료자의 제안을 따르고 적극적으로 개선의지와 행동을 시도할 때 그 용기와 태도에 대해 반드시 긍정적 강화를 해야 한다.

③ 등교거부 원인과 부모자녀관계 통찰시키기
아동의 등교거부 행동이 건강하지 않은 부모-자녀 관계가 원인이 되어 발생했다면 원인에 대해 설명하고 구체적인 부모-자녀 관계의 문제를 파악하여 설명하여야 한다.
너무 밀착되거나 융합된 관계, 무관심이나 방임적인 관계, 정서적으로 빈약한 관계 등이 아동의 등교거부에 어떻게 영향을 미치는지 이해시킨다. 그리고 아동의 부모가 친정 부모나 시댁부모와의 관계에서 어떤 관계를 형성했는지, 이러한 관계가 현재 부모-자녀 관계 패턴에 어떻게 반영되는지에 대해서도 통찰하도록 한다. 많은 분리불안 아동의 경우, 그들의 어머니들이 원부모와의 관계에서 분리불안을 유지하고 있다고 보고되고 있다.

④ 양육태도 수정
앞에서 설명한 바와 같이 부모의 정서적 문제가 완화되었거나, 부모의 개별 치료가 시작되었고, 구체적인 부모-자녀 관계의 문제가 탐색되었다면 이제는 부모가 어떻게 행동의 변화를 시도할 것인지에 대해 다루는 것이 좋다.
부모가 아동과 과잉 밀착되어 있거나 아동의 의존행동을 강화하는 등의 잘못된 양육행동을 하고 있다면 아동에게 자율적이고 독립적인 행동을 하도록 안내한다.

초등학교 2학년인 라영이는 잘잘 때 엄마가 옆에서 재워주어야 잠을 자고, 무섭다며 잘 때도 불을 끄지 못하게 한다. 매사 스스로 하는 일이 없고 엄마에게 의존하는 일이 많고, 학습상황에서 집중하지 못하고 산만하여 숙제도 옆에서 누가 봐주어야 끝낼 수 있다. 조금이라도 어렵게 느껴지는 일은 쉽게 포기하고 스트레스 상황에서 두통이나 어지러움, 복통 등의 신체 증상을 호소하는 일이 많다. 라영이는 친구들과도 잘 어울리지 못하여 학교에서도 주로 혼자 있는 일이 많다고 한다. 라영이 엄마는 요즘 라영이만 생각하면 걱정도 되고 화도 나서 가슴이 답답하다고 한다. 특히, 아침마다 등교 준비를 하는 동안 라영이와 엄마는 전쟁을 치룬다. 라영이는 씻고, 입고, 먹는 신변자립 활동뿐 아니라 준비물과 가방을 챙기는 일들까지 엄마에게 의존하고, 학교 갈 시간이 되면 배가 아프다거나 토할 것 같다거나 머리가 아프다며 학교 가기를 거부하거나 시간을 끄는 일이 많다.

라영이 엄마는 워낙 몸이 허약하였고, 입덧도 심하여 라영이 임신 내내 매우 힘들었다고 한다. 라영이 출생 후 지금까지 라영이 엄마는 짧게는 3일, 길게는 2주간 입원하는 일들이 빈번했다고 한다. 라영이 엄마는 집에서도 몸이 좋지 않아 누워있을 때가 많다고 한다. 엄마가 아플 때는 근처에 사시는 이모가 라영이를 돌봐주었는데, 엄마와 떨어져 있으면 울면서 엄마를 많이 찾았다고 한다. 라영이도 몸이 약하고 어릴 때 병치레가 잦아서 엄마는 라영이가 아플까봐 전전긍긍했고, 밖에 나가지 못하게 하였다고 한다. 라영이는 유치원에 다니기 시작한 6세 전까지 또래 아이들과 어울릴 기회가 적었고, 유치원 등원 시 처음 3-4주간은 많이 울고 엄마와 떨어지지 않으려해서 엄마도 선생님도 애를 먹었다고 한다. 라영이 아빠는 직장 때문에 오랫동안 가족과 떨어져 지방에서 혼자 지냈고, 평소에는 감정표현을 못하다가 술을 먹으면 과하게 표현하는 일이 많다고 한다. 약 2년 전 아빠가 서울로 올라와 함께 지내게 되었지만 라영이는 아빠를 무서워하며 잘 다가가지 않는다고 한다. 오랫동안 떨어져 지내다가 같이 생활하게 된 아빠와 엄마는 여러 가지 일들로 다투는 일이 많았고 아빠가 술을 먹고 오는 날에는 부부싸움이 매우 심했다고 한다.

부부싸움 후에 아빠는 혼자 나가서 시간을 보내는 일이 많았고, 엄마는 아파서 누워있는 일이 더 많아졌다고 한다.

라영이는 놀이치료과정에서 모래놀이를 통하여 현재 가족들의 모습과 관계, 자신의 감정과 욕구를 표현하였다. 라영이는 모래놀이를 하겠다며 마른 모래를 선택하고는 치료자에게 울타리가 있는지 물었다.

울타리들을 보여주자 모래 상자 안에 여러 개의 울타리를 만들며 각각의 울타리를 사나운 동물 우리, 기린 우리, 야생동물 우리, 여우와 늑대 부부 우리라고 한다. 사나운 동물 우리에는 표범과 사자 새끼들을 넣고, 기린 우리에서는 큰 기린 두 마리가 뽀뽀하는 행동 취하며 아기를 가져서 푹신하고 따뜻해야 한다며 모래를 조심스레 깔아준다. 야생동물 우리에는 어린 동물들을 넣겠다며 곰과 코알라, 원숭이 등을 넣는다.

여우와 늑대 부부 우리에는 모래를 더 넣어주고 깔개를 깔아주며 여우가 신경이 예민해서 이 울타리는 특히 조심해야 한다고 말한다. 어느 평화로운 날에 상어와 용이 나타나서 동물들을 잡아 먹으려 한다며 상어와 용을 모래상자 안에 넣는다. 동물들이 무서워하고 더 예민해져서 모래를 뿌려주어야 한다며 우리 안에 모래를 뿌려준다. 그런데 늑대가 가출을 해서 여우가 혼자 되었다며 상자 안에서 늑대를 빼 버린다.

동물원을 지켜주는 장승이라며 수녀, 천사, 스님, 여러 동상 등을 모래상자에 넣고는 외로운 여우에게는 이 세상 사람들이 가장 부러워하는 비치 파라솔을 준다며 여우 우리에 넣어준다.

라영이의 경우, 엄마의 우울증과 아빠의 술 주사, 부부갈등이 라영이의 문제행동에 많은 영향을 미치고 있어 라영이 엄마에게 우울증 치료와 부부상담을 권유하였다. 라영이 엄마는 부모의 정서적 문제가 자녀에게 미치는 영향을 이해하고 자신의 우울증 치료를 위해 병원에 내원하여 약물치료와 상담치료를 병행하였다. 그러나 라영이 아빠의 거부로 인해 부부상담은 이루어지지 못하였다.

아동 생활에 있어 부모의 역할이 지나치게 과중하게 유지되어 온 경우, 부모의 역할행동의 양을 축소하거나 경우에 따라서는 철회하는 방법도 안내할 수 있다. 이러한 과정에서 아동이 자율 행동을 하면 칭찬하고 긍정적으로 강화하도록 하여 적절한 양육행동의 가이드라인을 제시한다.

다른 예로는 부모가 직장일로 아동의 등교에 무관심한 경우, 아동들이 관심받기 위한 수단으로 등교를 거부할 때 등교거부 행동 그 자체에 관심을 두기보다는 평소에 아동에게 충분한 보살핌과 관심으로 주어 아동이 관심을 받기 위해 불필요한 문제행동을 시도하지 않도록 지도한다.

위에서 설명한 바와 같이 등교거부 아동의 문제행동을 부모를 통해 돕고자 할 때는 다양한 원인에 따른 적절한 양육방식을 안내하고 부모가 보다 효능감을 가지고 자녀의 행동문제를 도와주도록 인도하는 것이 필요하다.

⑤ 등교거부 시 부모의 대처 행동 훈련

일상적인 생활에서 등교거부와 관련된 부모의 양육태도의 개선과 더불어 아동이 등교거부 행동을 할 때 부모가 어떻게 효과적으로 대처할 것인지에 대해서도 다루는 것이 필요하다.

아동이 등교를 거부하며 조르거나 애원할 때 어떻게 단호한 태도를 유지할 것인가, 아동이 아침에 분노폭발과 같은 등교거부를 희망하는 행동을 할 때 어떻게 한계를 설정할 것인가, 등교 전과 후의 정서적 고통 호소와 신체화 증상을 일으킬 때 어떻게 대처할 것인가에 대해 적절히 조언하는 것을 부모 상담에서 다룬다.

또한 아동의 행동개선과정에서 어떻게 계획하고 강화할 것인가에 대해서도 함께 정보를 나누고 적절한 방법을 안내한다.

필요할 시에는 행동수정 방법에 대해 교육을 받도록 하거나 치료자와의 개별 세션에서 역할놀이를 통해 연습을 할 수도 있다. 구체적인 대처 방법은 4부를 참조하기 바란다.

2) 가족 치료

아동의 등교거부 증상 발현에 영향을 주는 가족체계 내의 역학관계를 파악하고 중재하기 위해 가족치료적인 접근을 실시할 수 있다. 아동의 등교거부 원인이 부부 관계 문제에 있는 경우, 가족 분위기에 있는 경우, 가족 전체가 등교거부를 보이는 아동과 관계가 얽힌 경우, 이런 경우들에 대해서는 가족치료적인 접근이 유용하다.

가족치료를 통해 가족 구성원 각자의 특성을 이해하고 관계의 역학적 구조를 파악할 수 있으며, 원가족과의 관계와 과거와 현재의 가족 생활사를 조사하고 통찰하게 한다.

이러한 것들이 아동의 등교거부와 어떤 관계가 있는지를 밝혀 가족관계의 문제를 해결하는 것과 더불어 등교거부 행동을 개선할 수 있도록 한다.

구체적인 기법을 예를 들어보면 등교거부 행동을 하는 가족들을 대상으로 아동의 등교거부 행동에 영향을 주었던 스트레스 요인을 열거하도록 한다든지, 등교거부 행동을 감소시키기 위해 가족들이 바뀌었으면 하는 희망사항을 열거하게 하여 서로 논의하도록 한다.

또한 등교거부와 관련된 상황이나 가족 구성원의 행동에 대해 가족

조각기법을 활용하여 표현하게 하고 가족구성원들이 등교거부 행동을 가중시켰던 자신의 행동에 대해 탐색할 수 있도록 한다.

PART 04

등교거부 행동에
대한 예방과 대처

본 PART에서는 PART 03에서 소개한 다양한 치료적 접근 이외에 등교거부 아동의 행동을 예방하고 아동들의 거부 행동에 대해 가정과 학교에서 어떻게 대처할 수 있는지에 대해 살펴보고자 한다.

아동과 청소년의 문제가 비교적 가벼워 부모와 교사만의 협력으로 문제를 해결해 나가는 경우뿐만 아니라 전문 상담가의 치료적 도움을 받고 있는 중이더라도 아래의 노력들을 해 본다면 여러 가지로 도움을 받을 수 있을 것이다. 그러나 아래의 노력들은 하루아침에 쉽게 이루어지는 것은 아니다. 매번의 시도가 실패한 것 같고, 성공과 실패를 반복하고 있을지라도 '성공할 수 있다'는 부모와 교사로서의 확신을 가지고 끈기 있게 노력한다면 좋은 결과를 얻을 것이다. 아무리 힘들어도 아이의 손을 놓지 않는다면 아이는 그 사랑의 힘을 얻어 스스로 학교 안으로 들어설 것이다.

1. 등교거부 예방하기

1) 일상생활에서의 예방적 대처: 증상발현 이전의 대처

아이가 기질적으로 예민하고 학령 전 시기인 유아교육기관에서부터 등
교거부에 대한 의사를 표현해 왔다면 등교거부 증상이 아직은 분명히 드
러나지는 않았으나 소인을 가진 아동일 가능성이 크다. 이 경우 다음과 같은
방법을 활용한다면 등원이나 등교 거부를 사전에 예방할 수 있다.

(1) 등교거부를 예방하는 일상의 지혜

① 도서나 공연, 영화 등의 활용

최근에는 유치원이나 학교에 가는 것을 어려워하는 아이들을 위한 동화가
많이 나와 있다. 인지적인 통찰이 가능한 만 3세 이후의 아동부터 초등학교
저학년이라면 이러한 동화를 활용하여 학교나 교육기관에 왜 가야 하는지,
가게 되면 어떠한 유익과 즐거움이 있는지를 알 수 있게 된다. 일단 인지적인
통찰이 생기면 아이 스스로도 마음을 다잡기가 더 쉬워질 것이다.

좀 더 큰 아동이나 청소년기의 아동이라면 평소 좋아하는 분야에서 성공한
사람들의 이야기가 실린 도서를 보는 것도 도움이 된다. 그 사람들은 나와
같은 유년 혹은 청소년기에 어떠한 생활을 했는지, 내가 좋아하는 분야에서
성공하기 위해서는 지금 어떻게 해야 하는지를 통찰해 볼 수 있는 기회가 되고,
목적의식이 생기면 그것을 이루기 위한 과정으로서의 학교 과정을 간과하지

않게 될 것이다. 같은 방법으로 공연이나 영화를 활용하는 것도 좋은 방법이다. 실제로 상담했던 한 중학교 2학년 남학생의 경우 등교거부 현상이 나타났을 때(자신이 왜 공부를 해야 하는지 모르겠고, 꼭 학교에 가야 할 필요를 못 느끼겠다고 호소했던 아동) 어머니와 대화의 시간을 갖게 하기 위한 일일 데이트로 저녁을 먹은 후 뮤지컬을 관람하게 하였는데, 그날 본 뮤지컬의 감동으로 뮤지컬 디렉터의 꿈을 갖게 되었고(실제로 친구들과 영화관에 가 보는 것 이외에는 다른 문화생활을 접해 보지 못했던 아동), 이후 상담 과정에서 그 꿈을 이루기 위한 현실적인 첫발로 학교에 가는 것을 다짐하게 된 케이스가 있었다.

『학교가기 싫어요!』(2006), 고정욱
『유치원 가기 싫어!』(2010), 스테파니 블레이크
『유치원에 가기 싫어요!』(2008), 안나카샬리스
『도전슈퍼코리언 김연아』(2008),
빅브라더스 편집부
『미안해－세상을 충전하는 젊은 에너지, 딴따라
박진영의 맨 처음 고백』(2008), 박진영

② 경쾌한 아침 음악과 심호흡, 근육이완법

아이들이 건강한 아침을 만끽할 수 있는 방법은 여러 가지가 있다. 경쾌한 음악은 아이들의 정서 뇌를 자극시켜 우울한 무드를 피하는 데 도움이 된다. 아침에 새로운 경쾌한 음악을 틀어 아이의 정서적 무드를 활성화시키는 것도 기분 좋게 하루를 시작할 수 있는 좋은 방법이다. 맑고 청량한 새소리나 물소리, 기분을 맑게 해 주는 음악, 신나는 동요들도 아이들의 정서적 뇌를 활성화시키는 자극제가 될 것이다.

또한 심호흡이나 근육이완법도 불안이나 두려움에 짓눌린 아이들의 마음을 진정시키는 데 도움이 되어 의식적으로 긴장을 풀고 불안으로 인한 육체적 반응을 조절할 수 있게 도와준다. 배가 가슴보다 높이 솟아오를 만큼 천천히 그리고 깊이 숨을 들이쉬고, 잠시 숨을 멈추었다가 다시 내쉬기를 한다. 이를 갓난아이 호흡법이라고도 하는데, 실제로 잠을 자고 있는 아기들을 보면 이런 식으로 호흡을 하고 있다고 한다.

긴장을 많이 하는 아이라면 호흡법과 함께 근육이완법을 사용하면 더 효과가 있다. 점진적 근육이완법은 1920년대 초 미국의 내과의사 Edmund Jacobson에 의해 개발된 스트레스 대처기술인데, 이는 근육의 긴장과 이완 상태를 구별하는 지각 능력을 날카롭게 훈련시킨다. 근육을 긴장시키는 법과 이완시키는 법을 배우면서 근육이 긴장되었을 때와 이완되었을 때 받는 느낌의 차이에 집중하여 긴장을 줄이는 데 사용한다. Dieter Krowatschdck & Holger Domsch(2006)가 사용한 방법을 간단히 소개하면 다음과 같다.

표 6 점진적 근육이완법

	호흡법	근육이완법(여러 차례 반복할 것)
저학년	**피곤한 개처럼** 네가 피곤한 개라고 생각해 보렴. 입을 한껏 크게 벌리고 가슴과 배 안에 숨을 가득 들이쉬는 거야. 나는 지금 개니까 손으로 입을 가릴 필요 없어. 그다음에 피곤한 개가 헐떡거리듯이 혁혁거리면서 허파에 공기가 하나도 남지 않을 때까지 짧게 숨을 계속 내쉬는 거야. 이렇게 몇 차례 반복해 봐. 개가 하품할 때처럼 얼굴 근육을 움직이면서 입을 크게 벌리고 숨을 들이쉰 다음 혁혁거리면서 숨을 내쉬는 거야. 마지막으로 두 팔을 뻗고 심호흡을 한 번 한 다음 어깨와 팔을 편안하게 늘어뜨리면 돼. **허밍** 가슴과 배로 숨을 깊게 들이쉬어. 그리고 나서 숨을 잠시 참은 다음 허밍을 하면서 아주 조금씩 천천히 숨이 완전히 다 없어질 때까지 숨을 내쉬는 거야. **성에 녹이기** 겨울에 유리창 앞에 서 있다고 상상해 봐. 바깥 날씨가 추워서 유리창은 온통 성에로 덮여 있어. 이제 뱃속 깊이 숨을 들이쉰 후 살짝 입김을 불어 성에를 조금씩 녹이는 거야. **증기기관차** 뱃속 깊이 숨을 가득 들이쉰 다음 낡은 증기기관차처럼 '쉭쉭' 소리를 내면서 숨을 조금씩 끊어서 내쉬는 거야.	**손** 오른손에 젖은 걸레를 쥐고 있다고 상상해 보렴. 손으로 그 걸레를 힘껏 쥔다고 생각해. 그리고 점점 더 힘을 줘서 걸레의 물기가 다 빠질 때까지 꼭 쥐었다가 천천히 손을 펴는 거야. 그다음에 다시 손을 꼭 쥐었다가 또 천천히 펴. 이번에는 왼손에 젖은 걸레가 있다고 생각해봐. 그리고 왼손으로 그 걸레의 물기가 다 빠질 때까지 힘껏 쥐었다가 천천히 손을 펴는 거야. 그다음 다시 손으로 주먹을 꼭 쥐었다가 서서히 주먹을 펴자. 이제 양손에 젖은 걸레를 하나씩 쥐고 있다고 상상해 보렴. 양손에 있는 걸레의 물기가 빠질 때까지 힘껏 두 주먹을 쥐는 거야. 그러고 나서는 천천히 두 손을 펴. 그다음 한 번 더 양손의 걸레를 꼭 쥐어짰다가 손을 펴 봐. **이마** 누구한테 화가 많이 났다고 생각해 봐. 이마도 찌푸리고 미간도 찡그리고 그랬다가 다시 얼굴을 펴는 거야. **입과 눈** 입술을 뾰족하게 내밀고 두 눈을 꼭 감았다가 잠시 후 두 눈을 뜨고 입술도 원래대로 하는 거야. 그리고 한 번 더 해 봐. 이번엔 두 눈을 크게 뜨고 입도 크게 벌렸다가 잠시 후 다시 원래대로 해. **발과 다리** 의자에 앉아서 오른 발목과 발가락을 위로 젖히면서 힘을 줘 봐. 오른쪽 다리에 힘이 들어가는 것이 느껴지지? 특히 종아리의 근육이 단단해지는 것을 알 수 있을 거야. 잠시 후 서서히 발가락을 원래대로 하면 다리에 힘이 풀려. 이번에는 왼발 발목과 발가락을 위로 젖히고 힘을 준 다음 왼쪽 종아리가 단단해지거든 잠시 멈추었다가 서서히 발가락에서 힘을 빼는 거야.

청소년	**흥분, 불안 초조, 두려움을 떨치는 호흡법** 1. 앉은 채로 긴장을 푼다. 두 발은 바닥에 닿게 한다. 일정한 속도로 편안하게 코로 숨을 들이쉬고 내쉰다. 들숨과 날숨은 동일한 간격을 유지한다. 이것을 여러 번 반복한다. 가능한 복식호흡을 한다. 2. 일정한 속도로 편안하게 숨을 들이쉬고 내쉰다. 숨을 내쉬기 전에 1, 2초간 숨을 멈춘다. 숨을 내쉬는 데 걸리는 시간을 들이쉬는 데 걸리는 시간의 두 배가 되게 한다. 이것을 몇 번 반복한다. 3. 편안하게 숨을 들이쉬고 내쉰다. 숨을 깊이 들이쉰 후 2, 3초간 숨을 참았다가 허파 속에 공기가 하나도 없다는 기분이 들 때까지 코나 입으로 서서히 숨을 내쉰다. 그다음 다시 숨을 깊이 들이쉬었다가 2, 3초간 숨을 멈춘 허파 속이 텅 빌 때까지 내쉰다. 4. 편안하게 심호흡을 한다. 숨을 내쉴 때 네가 느끼는 모든 불안과 두려움 그리고 초조함과 흥분감을 함께 내쉰다고 생각한다. 심호흡을 여러 차례 반복하면서 숨을 내쉴 때마다 모든 두려움과 긴장을 함께 내쉬고 숨을 들이쉴 때마다 활기찬 새로운 기운이 너를 가득 채운다고 상상한다. **복통과 구토증을 가라앉히는 호흡법** 1. 양손을 배꼽 아래쪽 배 위에 올려놓는다. 뱃가죽이 풍선처럼 부풀어 오르도록 숨을 뱃속 깊이 들이쉰 후 구멍 뚫린 풍선의 바람이 서서히 빠지듯이 숨을 천천히 내쉰다. 2. 온몸의 긴장을 풀고 이것을 몇 번 반복한다. 그다음 일정한 간격으로 호흡을 계속한다.	근육의 긴장에 필요한 시간은 불과 5초에서 7초 사이다. 이 짧은 순간 자기가 근육이완법을 실행하는 부위의 근육이 긴장하면서 단단해지는 느낌에 관심을 쏟아야 한다. 그리고 5초 내지 7초 후 긴장시켰던 근육을 풀어준다. 특정 부위의 근육이 긴장되고 이완되는 느낌의 차이에 집중해야 한다. 근육을 긴장시킬 때 연상 작용의 도움을 받으면 긴장과 이완이 매끄럽게 진행되는 경우가 많다. **얼굴** 이마를 찡그리고 눈살을 찌푸리면서 두 눈을 꼭 감은 채 힘을 준다. 5초간 그 상태를 유지한 다음 눈을 뜨고 얼굴을 편다. 이것을 반복한다. 5초간 양 어금니를 꼭 깨물어 턱 근육의 긴장을 느꼈다가 원상태로 되돌린다. 혀를 5초간 잇몸에 붙였다가 뗀다. 입술은 꼭 다문 채로 5초간 힘을 주었다가 힘을 푼다. 이 모든 과정을 반복한다. 이완 상태가 얼굴 전체에 퍼져 나가는 것이 느껴진다. **목, 고개와 어깨** 머리를 숙여 턱이 목 아래쪽에 닿게 했다가 머리를 든다. 그다음 머리를 가볍게 젖혀 고개가 뒤로 약간 꺾이게 한다. 그 상태로 5초간 유지하면서 근육의 긴장을 느꼈다가 긴장을 푼다. 양어깨를 위로 추켜올린 채로 5초간 멈추었다가 어깨를 내린다. 이 과정을 반복한다. **발과 다리** 두 발을 바닥에 댄 채로 5초간 힘을 주었다가 힘을 뺀다. 그다음 발과 발가락을 최대한 멀리 뻗은 상태로 5초간 긴장시켰다가 이완시킨다. 발목과 발가락을 위로 젖혀 종아리 근육을 긴장시킨 후 5초간 긴장을 느꼈다가 이완시킨다.

③ 택배 놀이: 쿠키 배달

"주말에 엄마와 함께 초콜릿을 만들었어요. 같은 반 친구들에게 나눠줄 거예요~"

어린 아이들의 경우, 집에서 엄마와 만든 쿠키나 초콜릿 같은 간식을 유
치원에서 나눠 먹을 수 있는 자랑거리를 만드는 것도 좋다. 사소하지만 아이가
교육기관을 재미있고 즐거운 일이 일어나는 곳으로 느끼게 할 수 있다.

④ 아침 신체 컨디션 높이기

밤에 숙면하고 일찍 일어나게 하는 것이 필요하다. 어린아이들 중에는 밤에
늦게 일어나고 아침에 일찍 일어나지 못하거나 몸이 피곤하여 컨디션이 나쁜
경우, 아침활동을 시작하기가 쉽지 않다. 그런 아이들에게 옷을 차려입고,
아침을 먹고, 학교로 향하게 하는 일은 엄청난 곤욕이다. 밤에 따뜻한 우유
한 잔으로 잠을 청하고 평소 자는 시간보다 한 시간 먼저 침대에 눕는 습관을
들이는 것이 필요하다.

⑤ 토큰 모으기(점수 모으기)의 활용

토큰 모으기는 아이들에게 새로운 행동이나 태도를 훈련시키기 위해 행동주의 심리학자들이 사용하는 대표적인 방법이다. 무엇보다도 이 방법은 아이들에게 행동에 대한 '동기'를 부여할 수 있는 매력적이고 효과적인 방법이다. 토큰 모으기 진행을 위해서는 먼저 아이들과 계약을 맺어야 한다. 확실한 목표를 정하고 그다음 작은 단계별 목표를 달성하도록 한다. 이 목표를 하나씩 달성할 때마다 자녀는 토큰(점수)을 모을 수 있다. 그리고 일정한 점수가 모이면 아이가 원하면서도 부모와 약속된 '상'으로 바꿀 수 있다.

단, 이때 아이에게 훈련시키고자 하는 행동은 '한 가지' 행동이어야 한다. 예를 들어 아침에 등교를 늦추기 위해 늦게 일어나고 옷도 천천히 갈아입고, 이 닦고, 밥 먹고 매사에 늦장을 부리면서 행동 지연을 보이는 아이더라도, 부모는 욕심을 버리고 일단 '한 가지' 행동에 포커스를 둔다(예: 여덟 시가 되기 전 옷을 갈아입으면 '3점'). 그리고 언제 점수를 얻게 되는지 어떻게 행동하면 점수를 얻는지 자녀가 이해할 수 있도록 충분히 설명해 주고, 점수 모으기 규칙에 대한 것을 종이에 확실히 적어 벽에 붙여놓는다(이때 자녀와 부모의 계약 동의 서명이 들어가면 좋다). 여기에는 아이가 받을 점수가 분명히 적혀 있어야 한다. 이 방법의 하이라이트는 '상의 선택'에 있다. "엄마, 그걸 상으로 주신다면 나 정말 열심히 할게요~" 하고 동기가 부여될 수 있는 보상이어야 한다. 꼭 물질적인 보상이 아닐 수도 있다. 컴퓨터 게임 한 시간, 주말에 놀이동산 가기 등 아이의 희망사항을 들어줄 수 있는 것이면 된다. 이 보상의 선택이 토큰 모으기의 성패를 좌우할 수 있다. 일단 약속을 마치고 실제 훈련에 들어가면 첫 번째 상은 비교적 단시간에 받는 것이 좋다(예: 저학년 아이라면 23일 안에).

부모가 훈련코자 한 자녀의 행동이 뚜렷하게 개선되면 토큰 모으기를 서서히 중단할 계획을 세워야 한다. 이때는 자녀에게 가끔씩만 점수를 준다. 그리고 단계적으로 시간이 지나면 토큰 모으기는 서서히 그리고 자연스럽게 중단될 수 있을 것이다.

(2) 등교거부를 예방하는 사회적 유능감 키워주기

① 어릴 때부터 사회적 상호작용 격려하기

아이가 레스토랑에서 주문을 하거나 문방구에서 필요한 물건의 위치를 물어보는 것, 학교 입학 후 학교 과제물이나 숙제에 대해 가까이 사는 친구에게 전화나 직접 방문하여 질문할 수 있는 기회를 주는 것이 필요하다. 또한 초기 청소년기부터는 자신의 비디오 게임에 문제가 있을 때 직접 고객지원센터에 전화해서 문제를 해결할 수 있는 기회를 주고 격려하도록 한다. 이러한 사회적 상호작용은 세계와의 관계를 원활히 하고 능동적 힘을 발휘하도록 하여 문제해결 능력을 도와준다. 사소한 것이라도 다른 사람에게 질문하거나 말을 거는 것과 같은 행동들을 자연스럽도록 하여 인간 대 인간의 관계가 자신의 행복에 중요한 역할을 한다는 것을 알게 할 필요가 있다.

② 놀이터 친구와 학교 친구 일치시키기

아이가 교육기관에서 만나는 친구를 동네 놀이터나 집에서 함께 놀 수 있는 환경이 무엇보다 중요하다. 동네에서 만나서 놀았던 친구들을 낯선 교육기관에서 또 만날 수 있다면 아이들의 두려움은 줄어들 것이고 익숙하고 안정된 심리적 환경 안에서 다양한 재미를 느낄 수 있게 한다. 또한 아이가 새로운 기관에 가서 낯선 환경과 사람과의 적응을 위해 쓸 심리적 에너지를 놀이와 활동에 몰입하는 데 쏟아낸다면 아이들에게 교육기관에 가는 일은 흥미롭고 창조적이며 생산적인 활동으로 느껴질 것이다.

③ 외부활동 유도하기

우울한 성향을 보이고, 에너지 수준이 낮아 외부 활동을 꺼리는 아이들도 등교를 거부할 가능성이 있다. 이런 아동들에게 장시간 TV나 비디오, 인터넷 게임을 하도록 두는 것도 이후 등교 거부 행동의 원인 중 하나가 될 수 있다. 아동이 좋아하는 활동이면 무엇이든지(자전거, 인라인 타기, 놀이터 놀이, 수영, 뮤지컬, 영화관 가기, 구연동화에 참여하기 등) 내적 에너지를 발산하고 활성화시킬 수 있는 기회로 만들어 주는 것이 필요하다. 특히 스포츠와 같은 레저 활동은 지속적인 불안을 갖고 있는 아동들에게 도움이 된다. 지속적인 불안은 신체적으로 흥분의 수위를 높이는 작용을 하는데 그럴 때 스포츠는 체내에 쌓인 에너지를 배출하게 함으로써 균형을 유지하게 하고, 불안을 경감시키는 간단하면서도 효과적인 도구가 될 수 있다. 적어도 20분 이상의 운동을 하면 맥박수를 일정 시간 높여 주어 흥분의 수위를 떨어뜨리는 데 효과적이라고 한다.

최근에는 부모들이 주축이 되어 자녀들에게 주말 축구부나 주말 야구부 등 체육활동 그룹을 구성해 주고, 이 그룹이 함께하는 주말 활동이 학령 전 시기부터 이어져 초등 고학년까지 계속되는 등(활동의 형태만 바꿔 가면서) 친사회적 그룹 형성을 위한 부모의 적극적인 개입이 많이 이루어지고 있다고 한다. 일단 이러한 그룹이 형성되어지고 나면 부모 모임, 가족 모임, 동생들의 또 다른 그룹 구성 등 다양한 추가적인 교재가 생기게 되어 아이들이 사회적인 활동을 독려할 수 있게 된다.

④ 생일잔치와 특별한 초대

또래 관계에 소극적인 자녀라면 생일잔치를 촉매제로 활용할 수 있다. 아이가 직접 초대장을 만들고 친구들을 초대하는 작업부터 시작해 보자. 많은 아이들을 거창한 곳에 가서 근사한 음식을 대접하는 것이 아니다. 자녀가 평소에 다가가고 싶었지만 기회가 없었던 아이, 가까이 지내는 것 같지만 더 깊은 관계를 원하는 아이를 초대하고, 집에서 어머니가 만들어 준 간단하지만 정성스런 다과를 나누면서 즐거운 시간을 보낸다면 이 일을 계기로 또래들과 더 깊은 관계를 맺을 수도 있고, 혹은 또래 관계가 조금 더 넓어질 수도 있을 것이다. 이때 어머니가 아이들 발달 수준에 맞는 보드게임, 이것이 힘들다면 윷놀이나 체스 같은 간단한 게임 정도를 준비해 주는 센스를 발휘한다면, 공통의 화제가 없는 또래들끼리라도 금방 친해질 수 있을 것이다.

꼭 생일이 아니어도 좋다. '영화를 좋아하는 친구들을 초대합니다'라든지, '우리 반 최고의 유머짱들의 모임입니다' 같은 초대의사를 밝히고 서너 명의 친구들을 초대하는 방법도 좋다. 이때 각자 좋아하는 간식거리를 한 가지씩(A는 김밥, B는 주스, C는 쿠키, D는 과일 등) 가져오게 하는 potluck part(포트럭 파티) 등의 형식을 취하는 것도 하나의 재미가 될 수 있을 것이다.

⑤ 부모의 사회적 관계망을 넓혀라

등교거부 아동은 부모가 경제적으로 안정되고 가족 수가 적으며, 외동인 경우에 많이 발생한다고 보고되고 있다. 또한 부모의 대인관계가 폭넓지 않으며 대인관계 문제해결력이 낮다는 것도 특징이다. 이는 아동의 자아형성에 부모의 성격이 큰 영향을 미친다는 점과 부모의 대인관계망이 좁은 경우, 아동이 많은 인간관계와 접촉하지 못하고 고립될 확률이 높다는 것을 의미한다. 부모가 오래된 친구나 친척, 직장 사람들, 또는 아동 친구의 부모 등과 잦은 교류를 하면서 사람들과의 관계 경험이 얼마나 따뜻하고 신나며 재미있는 일인지를 경험하도록 해 주어야 한다. 이는 등교거부의 중요한 원인 중 하나인 또래 관계 문제나 학교 부적응으로 등교를 거부하는 아동의 문제를 예방할 수 있다.

이웃을 초대하는것도 좋다. 자녀들에게 대화의 모범을 보이고 자녀를 사회화시키는 데 폭넓은 장을 마련해 주는 것이다. 어려서부터 주변의 여러 타인들과 교류하면서 자란 아이들은 낯선 사람에 대한 두려움이 적다. 그러므로 성장 과정에서 사회적 관계 경험이 부족한 아이들은 유치원이나 학교에 간다는 환경 변화에 다른 아이들에 비해 더 큰 불안을 느낀다.

⑥ 자신의 존재 가치를 높일 수 있는 특기를 길러라

아이의 특기를 개발하여 아이의 자존심을 올려 주고 또래들에게 좋은 인상을 남길 수 있는 아이만의 특별한 특기나 취미, 잘하는 분야를 개발하도록 도와주어야 한다. 모든 아이들은 '친구들에게 멋있는 모습'을 보여 주는 것을 소망한다. 친구들 앞에서 피아노나 바이올린, 플루트를 연주하는 모습이나, 체육시간에 멋진 모습을 보여 준다면 사회적 유능감이 높아져 학교생활을 더욱 즐겁게 느낄 것이다. 그러나 이런 일이 하루아침에 쉽게 되는 것은 아니므로 부모의 열성과 끈기가 필요하다.

⑦ 낯선 장소에 대한 두려움을 호기심으로 전환하기

낯선 장소와 사람, 상황에 대한 두려움을 호기심으로 전환할 수 있는 기회를 많이 만들어 주어야 한다. 새로운 것은 두렵고 걱정되는 것이 아니라 재미있고 신나는 것이라고 생각할 수 있도록 하여 아이들에게 보다 생동감 있는 삶의 태도를 가르칠 필요가 있다.

⑧ 사람들 앞에 설 수 있는 기회를 만들라

종종 여러 사람들 앞에 나가서 주목을 받고, 무엇인가를 하는 일이 너무나 힘든 아이들이 있다. 이런 부류(꼭 사회공포증의 진단을 받지 않더라고 이런 아이들은 꽤 많다)의 아이들이 가장 힘들어하는 학교생활 중의 하나가 바로 매 학기 초 반복되는 자기소개 시간일 것이다.

선생님과 반 아이들이 모두 바라보는 가운데, 자리에서 일어나서, 혹은 교실 앞에

나와서 자기소개를 하느니 차라리 그날 배탈이라도 나서 결석이라도 하는 편이 나을 것 같다.

만약 당신이 자녀들에게 아주 어릴 적부터 다른 사람 앞에 설 수 있는 사소한 기회들을 자주 갖게 해 준다면 이러한 일들에 대한 두려움을 줄여 줄 수 있을 것이다.

작게는 엄마·아빠 앞에서 노래 부르기를 시작으로 하여, 명절 때 혹은 할아버지 생신 때 가족들 앞에서 태권도 태극 1장을 선보일 수도 있다. 엄마 아빠도 적극적으로 아이와 함께 사람들 앞에 설 수 있는 기회를 찾아본다면, 아이에게 타인 앞에 서는 일의 즐거움을 알게 해 주면서 불안을 줄여 줄 수 있는 소중한 경험이 될 것이다. 이때 중요한 것은 함께 서는 엄마·아빠가 먼저 사람들 앞에 서는 일을 즐기고, 당당한 모습을 보여서, 이러한 일들의 모델이 되어 주는 것이다.

(3) 등교거부를 예방하는 아동심리 처방

① 아동의 욕구불만을 찾아 충족해 주어라

어린아이를 키우는 직장 다니는 엄마의 경우, 밤에 퇴근해 와서 집안일을 하고, 숙제와 준비물을 챙기고, 아이들 재우기에 바쁘다. 아이는 엄마와 놀고 싶은데, 엄마는 검사자가 되어 숙제를 검사하고 행동을 평가하며 매번 부족한 것에 대한 부정적 피드백을 주게 된다. 이로 인해 아이는 엄마에 대한 애정욕구가 해결이 되지 않고 계속 욕구불만만 쌓이게 된다.

그래서 아이는 피곤한 엄마에게 더 치대고, 아침에 헤어져야 하는 시간이 되면 유치원을 안 가려는 것으로 그 아쉽고 원망스러운 마음을 표현하게 된다. 무엇보다 아이의 욕구를 채워주는 것이 필요한데, 아이가 엄마와 충분한 시간을 갖고 자신의 욕구를 채우고 나면 엄마와의 분리가 수월해지고, 또래에게로 자연스럽게 관심과 욕구가 옮겨간다. 퇴근 후 집안일을 미루고 아이와 보내는 일정 시간을 정한 후 온전하게 아이와만 보내는 데이트 시간을 가질 것을 권한다. 시간이 길지 않아도 좋다.

하지만 반드시 엄마가 자신을 집중하여 바라보고 있고 이 시간을 함께해 주고 있다는 것을 느낄 수 있어야 한다. 다시 말해 짧지만 달콤한 매일매일의 데이트이어야 한다. 이러한 시간들과 마찬가지로 주말을 효과적으로 활용한다면(예: 자녀들과 함께하는 즐거운 주말 청소, 온가족이 함께 장을 본 후 저녁식사 등) 부모-자녀 모두 win-win할 수 있는 소중한 경험이 될 것이다.

② 아동의 심리적 문제를 간과하지 마라

a) 우울

우울 증상은 등교거부 행동이 표면화되기 이전부터 이미 존재하고 있는 잠재된 증상이다. 유아들은 우울할 때 무표정하고 사회적으로 위축된 모습을 보이며 활동성에서도 감소를 보인다. 이런 아이들에게 아침 활동으로 유치원이나 학교에 가는 것은 매우 힘든 일이다.

신체리듬과 기분은 최저인데 아침에 일어나 낮은 에너지 수준을 끌어 올려 유치원이나 학교에 갈 준비를 한다는 것은 우울 성향을 지닌 아이들에게 쉬운 일이 아니다. 아이가 무기력하고 의욕이 없으며, 잠이 많고, 식욕이 없는 등과 같은 우울한 증상을 보이면 전문상담센터에서 도움을 받는 것이 좋다.

b) 불안

등교거부 아동의 불안에는 학교 공부나 특기활동 시간, 친구들과의 쉬는 시간, 자신의 능력에 대한 지나친 걱정 등이 중요한 요소로 포함된다. 이러한 불안과 공포는 자신의 수행능력을 실제보다 더 떨어뜨리고, 이는 다시 다른 불안 정서를 유발해 불안과 나쁜 수행의 악순환을 거듭한다.

이러한 사회적 활동의 실패감은 학교에 대한 두려움을 유발하므로 불안 증상을 보이는 아동이 등교거부 의사를 밝히면 문제가 심각해지기 전에 전문상담센터의 도움을 받는 것이 좋다.

③ 초등학교 입학 전 아이의 마음건강 점검해 보기

초등학교 입학은 아이들의 인생에서 엄청난 대사건이다. 초등학교는 앞으로 펼쳐질 중·고등학교와 대학교로 연결되는 교육기관으로 나아가는 대장정의 입구라고 생각해도 과언이 아니다. 그러나 만약 아이가 자신의 의지와는 달리 등교거부 행동을 하게 되고 이 일로 인해 자아상, 또래 관계, 학습문제에 어려움을 겪는다면 이후에 펼쳐질 대장정의 큰 장애물을 만난 것이다. 부모는 초등학교 입학 전 아이들의 정서발달, 심리, 학습상황, 학교에 대한 태도 등을 잘 살펴 예방하고 문제가 발현되었을 시에는 기다리기보다는 전문기관을 통해 도움을 취하는 것이 이후의 문제 진행을 막을 수 있을 것이다.

④ 새로운 상급학급, 학교로의 진학 시기에는 더 많은 애정을 주어라

아이들이 학년이 올라가거나 새로운 학교로 진학할 시점에 부모는

평소보다 더 많은 애정을 주어야 한다. 아이들은 새로운 환경에 적응하기 위해 많은 정서적 에너지를 소모하게 된다. 어머니는 자녀의 정서적 에너지의 충전소라고 한다. 아이들이 언제든 정서적 배터리를 충전할 수 있도록 이 시기에는 부모들이 일과 모임의 양을 줄이고 아이들과 외식, 드라이브, 산책, 보드게임, 자전거 타기 등 가족과 행복한 시간을 보내는 것이 좋은 방법이다.

새로운 학급이나 학교로의 진학을 앞두고 아이들이 스트레스 행동을 표현해 올 때도 있다. 부모가 여유가 없다면 아이들의 이유 있는 행동 변화를 알아차리지도 못하고 건강하게 대처하지도 못한다. 아이들의 힘든 마음을 이해해 주고, 공감해 주며, 가끔은 퇴행하는 행동도 받아 주어 에너지를 얻어 갈 수 있도록 좋은 주유소가 되어야 한다.

(4) 등교거부를 예방하는 부모 양육태도

① 과잉보호, 과잉친절은 금물!

자녀에게 일어나는 모든 일을 척척 알아서 처리해 주는 부모들이 있다. 학교에 가기 싫어하는 아이의 마음을 해결해 주려 학교에 전화해서 이런저런 핑계를 대주는 큰 양육실수를 범하기도 한다. 아이는 이런저런 이유를 대면서 학교를 가기 싫어하고 아이는 매번 다른 이유를 대면서 현실의 어려움을 피하고자 할 것이다.

아이는 혼자 감당해야 하는 상황에 느끼게 되는 긴장과 불안을 견뎌내지 못하는 아이가 된다. 집에서처럼 그런 과잉친절과 보살핌으로 어려움 없이 생활해 오던 삶의 패턴을 학교에서는 유지할 수가 없다. 아이는 그것이 불편한 것이다. 부모의 우산을 떠나면 더 이상의 온화한 공간은 없다.

우산 밖의 세상은 그런 아이들의 나약함을 더 이상 받아 주지 않는다. 자신의 과잉서비스가 아이들을 나약하게 만들고 있다는 사실을 반드시 염두에 둬야 한다.

② 자율적 선택과 책임을 지는 기회

아동들이 자신의 일에 스스로 선택할 수 있는 기회를 많이 주어야 한다. 자율적인 사고와 행동을 많이 경험해 보지 못한 아이들은 엄마 품을 떠나 세상 밖에서 일어나는 일들이 두렵기만 하다.

엄마의 심한 통제는 아이들을 더 의존적으로 만들고 아이들이 스스로 선택해 볼 기회를 빼앗아 책임지는 것을 배우지 못하게 한다. 아이가 스스로 선택한 것에 대해 이후 일어나는 긍정적 부정적 결과, 노력, 의무 등에 대해 아이에게 책임을 돌려주는 양육이 등교거부를 예방해 줄 것이다. 매일 학교를 가는 것도 이 세상에 태어난 이상 선택과 책임의 문제이다. 사회의 구성원으로서 교육의 의무를 다해야 한다는 것을 명심하도록 해야 한다.

③ 일관성 있게! 단호하게!

자녀가 등교거부 행동을 해 올 때 부모는 자녀에게 단호하게 학교를 가야 한다고 이야기할 수 있어야 한다. 정서적 고통과 신체화를 보이는 아동에게 부모가 함께 갈지 말지를 고민한다든지 안쓰러워 결정을 미루게 된다면 아동은 부모의 결정에 희망을 가지고 더 강하게 떼를 쓰거나 분노행동을 하며 욕구를 관철시키려 노력할 것이다.

한 번의 허락으로 아동이 학교를 가지 않을 수 있다는 것을 알게 되면 아동은 같은 결과를 위해 온갖 방법을 다 동원해 등교를 거부할 것이다. 학교를 가지 않게 되면 학습문제가 생기고 친구와 멀어지는 후유증이 생겨 학교를 더욱 가지 않으려 하는 악순환이 생기므로 이러한 악순환의 고리를 만들지 않으려면 과감하게, 단호하게, 일관성 있는 태도를 취해야 한다.

④ 아이의 고통을 빼앗지 말라

많은 부모들은 아이들이 괴롭고 힘든 상황을 견디어내도록 지켜봐 주지 못하고, 재빨리 그 힘든 상황을 해결해 주거나 지나가도록 애쓴다. 그러나 아이들이 늘 즐겁고 행복한 경험만 하도록 한다면 아이들에게 삶의 다양한 경험을 제공하지는 못하게 된다. 아이들에게 펼쳐질 앞으로의 세상은 늘 즐겁고 행복한 순간만 있는 것이 아니다. 고통 없는 세상은 없다.

아니, 삶은 고통의 연속이다. 힘든 감정이나 상황 속에 충분히 머물게 하고 스스로 감정을 이겨내고 대처 방법을 찾아내어 일어날 수 있도록 부모가 강한 의지를 가지고 버티어야 한다. 아이들이 마음이나 행동으로 힘든 상황을 많이 경험하지 않았다면 그런 상황과 직접 대면하기를 꺼리거나 피하려고만 할 것이다.

학교라는 제도권에 직면해서 이겨내지 못하고 등교거부라는 전략을 쓰며 힘든 상황으로부터 도망치려 한다는 것을 잊지 말고 해결해주지 말고 '극복'하도록 도와야 한다.

(5) 등교거부를 예방하는 학교에서의 대처

등교거부를 예방하는 전통적 배려 독일의 슐튀테

독일의 초등학교 입학식에 가면 모든 아이들이 '슐튀테'를 안고 있다. 부모는 아이 몰래 입학식 몇 달 전부터 거기에 넣을 선물을 준비하고, 아이들은 무엇이 들어 있을까 설레는 마음으로 입학식을 기다린다. 슐튀테에 들어가는 선물들은 아이들이 갖고 싶었던 것들로 준비해서 입학식에 모든 아이들은 학교에 대한 설렘을 슐튀테 선물에 담아 가슴에 안고 입학을 하게 된다. 새로운 시작에 대한 불안과 두려움을 슐튀테에 대한 설렘과 기대로 조건 형성하여 긍정화한 것이다.

새로운 학교에 입학하여 적응하는 일은 많은 심리적 에너지가 필요하다. 그러나 어떤 방법으로 에너지를 활성화해 그 흐름을 전환해 주느냐에 따라 새로운 환경에 임하는 아이들의 반응과 태도는 달라질 것이다.

① 부모가 학교의 일원으로 일할 수 있도록 기회 만들기

새로운 학기가 시작되거나 입학 시기에 부모가 학교에서 학부모 자격으로 무엇인가에 참여할 수 있도록 부담이 되지 않는 기회를 만드는 것이 필요하다. 새롭고 두려운 환경에서 자신과 친구들을 위해 무엇인가 하고 있는 부모를 만나게 된다면 학교를 보다 친근하고 안전한 곳으로 느낄 것이다.

학교마다 요구하는 학부모의 역할이 다르겠지만 부모의 생활에 방해가 되지 않는 한도 내에서 참여한다면 아동의 학교 적응에 도움이 되는 것은 분명하다. 간식당번, 점심도우미, 일일교사 등 어떤 일이라도 적당한 수준에서 참여하는 것은 아이들이 학교에서 맞닥뜨린 두려운 상황을 편안하게 느끼게 하는 데 도움이 될 것이다.

② 즐겁고 재미있게 시작하기

학교에 새로 입학하거나 새 학년으로 올라갈 경우, 초기에는 아이들이 학교에서 서로 관계를 맺고 놀이할 수 있도록 프로그램을 진행하는 것이 좋다. 다시 말하면, 서로가 친숙하고 편안하게 느끼며 교실과 학교가 재미있는 곳이라는 즐거운 마음을 가질 수 있는 분위기를 조성하는 것이 필요하다. 이후 아이들이 낯선 환경과 친구들에게 익숙해지면 학습과제를 점진적으로 유도하는 방법을 권한다.

③ 적극적인 집단 활동 참여 격려하기

유치원이나 학교에서 새로 만난 친구들끼리 처음에는 한두 명의 친구와 이후에는 서너 명의 아이들이 서로 함께 어울릴 수 있는 모둠 활동을 준비하는 것도 필요하다. 그냥 두어도 잘 어울려 노는 아이들도 있지만 멍석을 깔아 주어야만 실력이 나오는 아이들도 있다. 혼자 떨어져 있는 아이를 눈여겨보며 끊임없이 다른 아이들의 무리와 연결하고, 집단 활동에 참여 의지를 보이고 노력하는 아이에 대해 적극적으로 칭찬하고 격려하는 것이 좋다. 나중에 아이를 혼자 조용하게 불러서 또래와 함께한 시간에 일어난 상호작용에 대해 격려해 주고, 어려웠던 점에 대해 조언을 해 주는 것이 필요하다.

아동은 문제에 대해 혼자가 아니라 든든한 지원군이 있다고 느끼며 더욱 노력할 것이다. 그리고 교사는 반 아이가 혼자 있는 아이를 놀이에 참여시키거나 이타적인 행동을 보이는 아이에 대해 반드시 격려해 주어 다른 아이들로부터 좋은 모델링이 될 수 있도록 하는 것이 필요하다. 이는 아이들로 하여금 관계에서 소외된 친구를 배척하지 않고 함께 지낼 수 있도록 도와주는 계기가 될 것이다.

④ 입학 전부터 내 학교에 익숙해지기

아이가 어린 경우, 스스로 불안을 조절할 수 없다면 환경적인 중재가 필요하다. 새로운 어린이집이나 유치원, 학교에 진학하게 되는 경우, 부모는 아이와 오후나 주말시간에 그 기관을 방문하여 기관 내외를 둘러보거나 운동장에 노는 시간을 가지는 것이 필요하다.

또한 이미 그 기관에 다니고 있는 언니, 오빠와 함께 시간을 보내도록 하여 낯선 물리적 환경으로부터 오는 불안을 감소시켜 주는 것이 필요하다. 아이가 새로운 친구나 교사, 교육시스템 등에 익숙해지는 데도 상당히 많은 에너지를 절약해 줄 수 있을 것이다. 최근에는 대부분의 학교가 인터넷 홈페이지를 운영하고 있으므로 자녀와 함께 홈페이지를 방문해 학교 환경이나 교사 소개, 선배들의 활동 사진 등을 보며 이야기를 나누는 것도 하나의 방법이 될 수 있을 것이다.

Tip 등교거부를 예방하는 제도적 배려

독일 라인란트 퍼팔트 주의 초등학교에는 vorschule라는 과정이 있다. 학교에 입학하기 6개월 전부터 일주일에 2일은 학교에 가고, 3일은 유치원에 가면서 학교에서 일어나는 일들을 처음으로 경험한다. 학교에 사회화되는 시간을 점진적으로 넉넉히 가지는 것이다. 쉬는 시간, 수업시간의 스케줄에 익숙해지는 것뿐만 아니라 학교에서 만나게 될 친구들을 공부가 아닌 놀이 환경에서 만나 서로가 익숙해지고 친밀감을 형성하는 것이다. 이러한 또래 관계의 친밀감은 새로운 학교의 시작으로 인한 불안이나 두려움을 이겨내는 데 좋은 중재역할을 한다. 그동안 놀이를 통해 학교시스템을 배웠던 친구들과 함께 새로운 환경인 학교를 익숙한 환경으로 받아들이는 것이다. 우리나라에서도 이러한 시스템이 제도화되면 아이들의 학교적응을 돕는 데 큰 정책적 배려가 될 것이다.

Tip 자녀의 첫 교육기관 선택과 적응 솔루션!

자녀를 처음 교육기관에 보내는 영·유아기 부모라면, 기관 선택부터 자녀의 적응까지 상당한 에너지를 쓰게 될 것이다. 혹 당신의 자녀가 1장에서 기술한 것과 같이 까다로운 기질을 가졌거나, 기질적으로 예민함과 불안함을 가지고 있다면 첫 교육기관은 자녀가 세상으로 발을 내딛는, 더 큰 관문일 수 있다. 어린이집, 유치원, 각 종교단체의 선교원, 놀이 학교, 영어 유치원 등 우리나라에는 현재 다양한 유아교육기관이 존재한다. 부모들은 교육목표와 구체적인 교수방법, 교육프로그램, 교육 환경, 교사의 자질, 교육비, 자녀와 교사수의 비 등 다각적인 차원에서 꼼꼼히 살펴보고 고려하여 자녀의 교육기관을 선택한다. 이때 부모의 독단적인 결정보다는 자녀의 의견이 함께 고려되는 것이 바람직하다. 물망에 오른 기관을 아이와 함께 방문해 보고 아이의 반응을 살펴보거나 최종적으로 자녀가 선택하도록 하는 것도 방법이다. 또한 기관의 적응을 돕는 '적응 프로그램'이 마련된 곳인지도 살펴보아야 한다.

안타깝게도 "어머니가 함께 오시면 아이들이 더 적응을 못해요-", "첫날부터 반드시 아이 혼자 차에 태워 주세요" 하는 기관과 교사 중심적인 요구들을, 현실적으로 부모들은 너무나 많은 교육기관에서 듣고 있다. 따로 적응 프로그램이 마련되어 있지 않은 기관이라면, 기관의 양해를 얻어 반드시 입학 전 자녀와 함께 한두 번 기관을 방문해 자녀가 지낼 교실과 기타의 공간을 둘러보고 함께 있을 선생님도 만나보는 것이 좋다.

한 예로 표준보육과정에 준하는 어린이집 적응 프로그램을 소개하면 다음과 같다.

· 영유아와 보호자가 함께 프로그램에 참여하여 영유아의 적응에 필요한 기본적인 활동을 경험하게 한다.
· 적응 프로그램은 1~2주 정도를 기본으로 하되, 영유아의 개인차를 고려하여 융통성 있게 진행한다.

1단계: 영유아에게 어린이집과 담임교사를 소개한다. 영유아와 함께 여러 가지 놀이를 한다.
2단계: 대집단 활동에 참여하거나 또래와 놀이하도록 도와주고, 영유아가 불안해하지 않도록 곁에 있어 준다.

<u>3단계</u>: 영유아가 정해진 일과시간을 따르도록 도와준다. 부모가 영유아의 시야에서 사라지는 경우를 시도해 본다.

· 적응기간 초기의 보육시간은 약 2~3시간에서 점진적으로 늘려간다.
· 영유아의 연령, 기질, 발달, 애착, 적응 상태, 어린이집 상황, 가정의 상황 등에 따라 기간과 방법을 달리할 수 있다. 단기간에 적응시키는 것이 중요한 것이 아니라 영유아의 적응 상태를 고려하여 차근차근 진행한다. 적응이 늦다는 것은 문제가 있다는 것이 아니라 주변 상황이나 사물, 사람 등에 대해 민감할 수 있음을 말하며, 민감함은 때론 낯선 상황에 대한 판단과 지각 능력이 예민하다는 것을 의미할 수도 있음을 이해해야 한다.

기관을 결정하고 첫 등원을 하고 나면 가정에서는 자녀를 다음과 같은 방법으로 도와줄 수 있다.

· 즐거운 기분으로 기관에 갈 수 있도록 자녀의 기상 시간, 아침 식사, 등원 준비 등을 계획하고, 부모는 자녀와 헤어질 때 충분히 대화를 나누고, 인사를 한 후 밝은 얼굴로 돌아선다.
· 적응기간 동안에는 일시적인 등원 거부를 할 수 있다. 교육기관은 가도 되고 가지 않아도 되는 곳이라는 생각이 들지 않도록, 되도록이면 지각과 결석을 피한다. 적응기간 동안 아파서 결석을 하고 나면 다시 처음으로 돌아가는 경우가 많다. 규칙적인 생활을 하고 집에 오면 손을 씻는 등의 행동이 몸에 밸 수 있도록 한다.
· 자녀가 스스로 할 수 있는 일들을 훈련시킨다(식사, 옷 입고 벗기, 세수, 이 닦기, 신발 신고 벗기 등).
· 교육기관에서의 일들을 즐겁게 이야기할 수 있도록 격려한다. 질문은 구체적으로 하는 것이 좋다(예: "오늘은 무엇을 먹었니?", "어떤 놀이를 하며 지냈니?", "어떤 놀잇감을 가지고 놀았니?", "선생님께 무엇을 여쭤보았니?").
· 기관에서 허락한다면 가정에서 좋아하는 베개나 인형, 놀잇감 등을 가져가 자녀의 심리적 안정에 도움을 준다.
· 집에 돌아오면 지속적인 애정을 표현해 주고, 잠들기 전에는 교육기관에서의 생활에 대해서 이야기를 나누어 아이의 긴장을 풀어준다.

⑤ 아동의 특기가 빛을 발하도록 도와주기

학교생활에 부적응하는 아동이 악기나 체육 등 방과 후 배우고 익힌 특기나 취미활동을 하고 있다면 다른 아이들에게 보여 줄 수 있는 기회를 제공하는 것이 필요하다. 이런 기회를 통해 아동은 친구들에게 멋진 모습을 보여 주고 유능감을 느낄 것이며, 또래 관계에 자신감이 생길 것이다. 다시 말해 교사는 아동 각자가 자신의 존재가치를 느낄 수 있는 장점을 찾아 격려해 주고 다른 아이들에게 보여 줄 수 있는 기회를 만들어 아이들 스스로가 자신의 소중한 가치를 느끼도록 도와주어야 한다.

2. 등교거부 아동의 상황별 대처

아래에서는 특정상황이나 원인에 따라 나타나는 등교거부 행동에 대해 부모와 교사가 어떻게 대처할 것인지에 대해 살펴볼 것이다.

1) 신체화 증상을 보이는 경우

아이가 아프다고 호소할 때는 일단 병원으로 가서 진찰을 받아보는 것이 필요하다. 신체적으로 이상이 없다는 것이 확인이 되면 아이에게 진단 결과를 설명해 주고 늦게라도 학교에 데려다 줄 필요가 있다. 아이 스스로도 자신의 증상에 대해 자각하고 불안과 두려움의 수준을 낮출 수 있기 때문이다. 또한 담임교사와 양호교사, 부모 간에 정보를 교류하고 아이가 몸이 좋지 않다고 하더라도 수업에 지속적으로 빠지고 양호실에 있거나 조퇴하는 것을 허락하지 않도록 한다.

그러나 아이가 호소하는 신체적 불편감이 이전과는 양상이 다르고 고통의 강도가 그 이전보다 높다면 병원에 한 번 더 데리고 갈 필요가 있다. 신체적으로 전혀 이상이 없다는 결과를 아이에게 한 번 더 설명해 주고 늦게라도 학교에 보낸 후, 등교거부의 원인과 앞으로 어떻게 해결할 것인가를 적극적으로 찾아나서야 한다.

2) 정서적 고통을 호소해 오는 경우

① 불안한 부모의 역할 모델 피하기

불안은 가족 내에서 전염된다. 만약 부모가 자신의 불안을 조절하지 못하여 상황을 회피한다면 자녀는 모방을 통해 부모의 행동을 따라 할 것이다. 부모 스스로 불안과 공포가 근거 없는 것이라는 것을 알고 대처해 나가는 모습을 모델링으로 보여 주어야 한다.

② 자녀의 불안에 대해 비판적으로 반응하지 않기

아동들이 사소한 것에 대해 불안을 표현해 올 때 부모 입장에서 이해하기 힘들고 가끔은 화가 나기도 한다. 학교 가는 길의 도로 건너기나, 친구들의 시선, 학교에서 일어날 일들에 대한 불안 등에 대해 불안을 표현해 올 때 이를 비판하거나 다그치기보다는 이해하고 수용하는 태도를 가지는 것이 필요하다. 부모 자신의 내적 문제로 아동의 불안 증상에 대해 효과적으로 대처할 수 없다면 치료사나 상담사로부터 전문적인 도움을 받는 것이 필요하다.

③ 자녀를 구조해 주지 않기

불안한 상황에 대해 피할 수 있도록 구조해 주지 않아야 한다. 교사에게 전화를 해 자녀가 할 말을 대신 해 주거나, 발표 자료를 만들어 주거나, 발표 순서를 바꾸어 주거나, 친구들을 불러 훈계해 주는 등의 행동을 해서는 안 된다.

3) 등교를 거부하고 집에 있는 경우

① 집에 있어도 특별대우는 없다

대개 집에 있는 것으로 해서 부모의 관심을 더 받게 되거나, 맛있는 간식을 먹게 되고, 보고 싶은 TV프로그램을 실컷 보고, 컴퓨터 게임을 할 수 있다면 이런 이차적인 이득은 이후의 등교거부 행동을 촉진하게 된다. 따라서 등교를 거부하고 집에 있는 아이들에게 학교에 가지 않음으로써 얻는 만족감이 철회되도록 집안환경을 조성해야 한다.

② 같은 시간대에 자고 일어나게 하기

등교를 거부하고 집에 있는 아동 청소년들의 대부분은 취침시간과 기상시간이 갈수록 늦어지고, 결국 이러한 패턴으로 인해 등교가 더욱 불가능해진다. 따라서 학교에 가지 않고 집에 있는 아동들을 이후에 학교로 돌아가게 하려면 자는 시간을 학교 갈 때와 같은 시간대로 유도하고 아침에도 일찍 일어나도록 해야 한다.

③ 학교에 가지 않더라도 숙제는 반드시 하도록 하기

아이가 학교를 가지 않았다면 부모는 반 친구나 교사에게 전화하여 숙제를 묻거나 같은 동네에 사는 친구를 찾아가 숙제를 묻고 아이에게 수행하도록 하여 다음 날 제출하게 한다. 숙제를 면제받으면 학교에 안 감으로써 받는 특별대우를 받게 되므로 등교거부 행동은 강화될 것이다. 또한 학교에 가지 않는 동안 뒤처진 공부로 인해 등교거부가 지속되고 그것이 또 하나의 등교거부의 요인이 되지 않도록 해야 한다.

4) 사회적 미성숙행동으로 등교를 거부하는 경우

① 학교는 인생에서 반드시 '가야 하는 곳'

학교는 꼭 가야 한다는 부모의 신념을 단호히, 확실하고, 일관성 있게 전달해야 한다. 부모가 먼저 학교의 시스템이나 문제에 대해 비난하거나, 아이의 거부행동에 흔들려 갈지 말지를 고민한다면 아이는 자신의 행동에 대한 좋은 지원군을 만났다고 생각하고 훨씬 더 힘을 얻어 거부행동을 할 것이다.

특히, 어린 아동이 간헐적으로 등교거부를 표현해 올 때는 관심받기를 목적으로 하거나 제멋대로이며 신경질적이고, 인내심이 부족하며 정서적, 사회적으로 미성숙한 경우가 많다.

이렇게 부모에게 어리광을 목적으로 등교거부 의사를 표현해 올 때 단호히 대처해야 한다. 초기 어리광을 목적으로 하거나, 새로운 환경에 나아가는 데 있어 나약한 태도로 자녀가 등교를 거부할 때, 부모는 자녀의 불안한 마음은 수용하고 공감해 주되, 학교에 가지 않도록 구조를 해 주어서는 안 된다. 자녀의 고통과 괴로움을 더 이상 볼 수 없어 보호해 주려 하지만 실제로는 자녀가 자신의 두려움에 맞서고 직면하는 기회를 박탈하는 것이다. 몇 발자국 물러나 자녀가 고통과 맞서 싸우도록 기회를 주는 것이 필요하다. 때로는 도와주지 않는 것이 정말로 도와주는 것이 된다는 것을 명심해야 한다.

② '왜'를 물어보고 함께 해결책을 찾아보기

청소년들의 경우 자기 행동의 이유에 대해 말로 표현할 수 있는 능력을 지녔으므로 아이에게 왜 학교에 가려 하지 않는지에 대해 표현할 수 있는 기회를 만들어야 한다. 무조건 행동을 질책하고 벌을 준다면 그에 대한 저항감으로 아이들은 더 강력한 거부 행동을 해 올 것이다. 학교에 대한 감정, 마음속에 숨겨둔 걱정과 두려움, 스트레스 등을 구체적으로 말할 수 있도록 적극적으로 경청하고 아이가 스스로 해결방법을 생각해낼 수 있도록 함께 의논해 보는 것이 좋다. 부모의 처방과 대책은 부모가 할 수 있는 것이지 아이가 할 수 있는 것이 아니다. 만약 아이가 경쟁적인 학습 분위기를 힘들어한다면 공부가 아닌 다른 영역에서 어떤 진로를 준비할 수 있을지 찾아보도록 해야 한다.

③ 보상체제 도입하기

아이가 자신의 문제에 대해 해결할 의지가 있다면 학교에 가는 것에 대해 아이와 행동계약서를 작성하는 것이 좋다. 학교에 규칙적으로 간다면 상으로 아이가 원하는 무엇을 받을 수 있는지, 나가지 않으면 어떤 권리를 박탈당하게 되는지에 대해 구체적으로 계약한다. 이때 부모의 일방적인 계약은 아무 효력을 발생시키지 못한다.

5) 분리불안 아동의 등교거부 행동

분리불안이 원인이 되어 등교를 거부하는 아동의 경우 무조건 억지로 떼어놓는 태도는 금물이다. 이것은 일시적으로 효과가 있을지 모르지만 장기적으로는 더 큰 불안을 야기할 수 있기 때문이다. 또는 다른 아이들이나 다른 형제들과 비교하거나 화를 내면 학교에 대한 공포심이나 부모에 대한 실망감, 불안감만 커진다. 아이가 불안을 이겨내고 엄마와 서서히 떨어질 수 있도록 준비시키는 작업이 우선이며, 중요한 것은 당장 유치원과 학교를 보내느냐 안 보내느냐보다 현재 힘든 아이 마음을 잘 이해해 주는 모습을 보여 주어야 한다. 아이 입장에서는 부모가 이런 자기의 모습까지 사랑하고 있다고 느끼는 것이 편안하게 분리를 준비할 수 있는 지름길이다. 이 과정에서 부모는 애착발달을 다시 한 번 체크해 보아야 한다. 그러나 애착발달과제는 늦게까지 늘어지는 경우도 있으므로 지금부터의 부모의 태도가 중요하다. 학교나 유치원을 다녀온 아이와 저녁시간에 즐거운 시간을 계획하고 아이를 마음으로 편안하게 대해 주는 것이 필요하다. 아래는 분리불안 아동이 등교거부 행동을 해올 때 할 수 있는 대처방법이다.

주의 하나! 이때 중요한 것은 절대로 아이와의 약속을 잊거나 어기면 안 된다. 아이가 극심한 공포를 겪게 되어 더 상황이 악화되는 경우가 많기 때문이다. 또한 어머니들이 불안을 이겨내는 것도 관건이다. 많은 경우에 아이가 엄마와 떨어지는 것 때문에 불안한 것뿐만 아니라 엄마의 불안한 태도가 아이들을 더 불안하게 한다. 아이를 기다리는 위치와 시간이 점진적으로 멀어지더라도 어머니들이 의연한 태도를 보여야 한다.

주의 둘! 등교거부 아동이 틱 장애를 동반하고 있는 경우, 교사로부터 지적을 받거나 친구들에게 놀림을 받는다면 증상은 악화되는 경우가 많다. 따라서 담임이나 친구가 틱 장애를 지적하거나 놀리지 않도록 부모는 학교에 당부해야 한다.

6) 또래 관계 문제로 등교를 거부하는 경우

① 사회적 상호작용을 강화하기

아무리 사소할지라도 가정이나 학교에서 아이가 다른 사람에게 질문을 하거나 말을 거는 행동, 또는 물건을 나누는 등의 다른 사람과의 상호작용을 시도하는 행동을 하는 경우, 반드시 칭찬해 주도록 한다. 아이가 그런 행동을 할 때마다 사회적 강화(머리 쓰다듬기, 윙크하기, 언어적 칭찬 등)를 통해 행동에 대해 보상해 주거나, 보상제도를 실시해 칩이나 카드를 주고 아동이 모은 보상물에 대해 좋아하는 놀이나 음식물, 놀잇감 등을 주는 것 등의 방법도 효과적이다.

② 집단 활동 참여 유도하기

등교거부를 하는 아동은 유치원이나 학교에 갔을 때 또래와 어울리지 못하고 놀이를 방관하거나 혼자 노는 행동을 주로 한다. 수업시간 내의 소집단 활동시간에도 말없이 앉아 있거나 다른 아이들의 주도에 수동적으로 따라가는 행동을 일관할 것이다. 교사가 처음에는 관심사가 같거나 유사한 특성을 보이는 한두 명의 친구와 함께 놀 수 있도록 배려하는 것이 중요하다.

③ 구체적인 사회적 기술 가르치기

아이가 또래 관계에서 사회적 기술이 현저히 떨어지는 상태라면 전문 상담기관에서 사회성 집단 상담에 참여할 것을 권한다. 친구와 기분 좋게 인사하는 방법부터, 다른 사람과 대화하는 기술, 궁금한 것을 질문하고 필요한 정보를 주고받는 방법, 자신이 하는 일에 친구를 끼워 주고, 그리고 상대방의 허락을 받아 다른 친구놀이에 들어가는 방법 등 다양한 상황과 기술에 대해 직접, 간접적으로 배우는 과정이 필요하다. 부모나 교사의 직접적인 교시보다는 사회성 발달에 대한 전문지식과 임상경험을 바탕으로 아이에게 적합한 기술훈련을 할 수 있는 사람의 전문적 도움을 받는 것이 필요하다. 또한 집단 내에서 유사한 문제를 가진 또래 친구들과 문제를 공유하고 서로 격려하며 친구의 문제와 대처로부터 자신의 문제와 해결방법을 배우는 과정 등은 아이들에게 또래 유능감을 형성하는 데 효과적인 접근이 될 것이다.

7) 학교환경에 두려움을 가진 경우 교사의 대처

이는 잘못된 교사의 대처로 아동의 등교거부 행동을 강화시킨 예이다. 학교환경에 대한 두려움이 있는 아동의 경우, 아래의 방법으로 대처해 보자.

① 아이를 안심시키기

분리불안 장애가 심한 아동은 일정 기간 부모가 수업에 참관하도록 하거나 아이가 학교에서 적응할 때까지 쉬는 시간에 휴대전화로 엄마와 통화할 수 있도록 해 안심시키는 것도 좋은 방법이다.

② 등교거부 아동을 또래 앞에 내세우지 않기

등교거부 아동들은 공식적인 자리에서 다른 사람들에게 집중적으로 관심을 받는 일을 상당히 두려워한다. 다른 아이들 앞에서 꾸중을 하거나 벌을 세운다든지, 등교거부 심리와 행동 그 자체를 알린다든지 하는 행동은 피해야 한다.

뿐만 아니라 당황해하는 아이를 또래들 앞에서 억지로 노출시키지도 말아야 한다. 예를 들어, 운동을 못하는 아이를 체육시간에 먼저 해 보도록 한다든지, 할 수 있을 때까지 혼자 반복 연습을 시킨다든지 하여 실수나 실패로 인해 굴욕감을 느끼지 않도록 배려해 주어야 한다. 또래로부터 고립되고 따돌림당하는 공식적인 근거를 만들면 안 된다는 것이다.

③ 사회적 상호작용에 대해 칭찬하기

또래나 교사에게 작은 몸짓이나 목소리로라도 인사를 하거나 질문을 해 온다면, 또는 역으로 질문에 대한 답을 해 온다면 '소중한 시도' 그 자체에 대한 칭찬을 꼭 해주는 것이 좋다. 이런 아이의 행동에 대해 교사가 소중하게 여기는 것을 모델링한다면 다른 아이들도 문제 행동을 보이는 아이의 작은 시도를 즐거운 마음으로 받아주고 개선을 위해 협력할 것이다

④ 집단으로 끌어들이기

또래와 관계를 맺고 사회적 기술을 키워 나가도록 하기 위해, 처음에는 한두 명의 친구와 놀 수 있도록 연결해 주는 것이 필요하다. 서로 유사한 관심사를 가진 경우, 교사는 그것을 찾아 공유할 수 있도록 안내할 필요가 있다. 또한 소집단 활동에 혼자 있는 아동을 합류시키고자 노력하고, 이를 실행에 옮기는 학생에 대해서는 적극적으로 칭찬하여 다른 아이들이 모방할 수 있도록 한다. 작은 것이라도 친구들과 함께 한 경험은 등교거부 아동에게 학교를 공포의 대상이 아닌 공유할 것이 있고 재미있는 곳으로 느끼는 데 큰 기여를 할 것이다.

8) 그 밖의 다른 장애로 인한 등교거부 행동

그 밖에 아동이 언어장애, 주의력결핍, 우울, 불안, 또래관계, 학습 문제 등으로 학교가기를 거부한다면 적절한 치료를 해 주어야 한다. 특히 학교에서의 외상적 경험으로 인한 신체 증상의 호소나 따돌림이나 학교 폭력과 같이 심리적 고통을 경험하고 후유증이 있다면 다른 정서적 문제로 확대되기 전에 치료해주어야 할 필요가 있다. PART 03을 참고하길 바란다.

아이의 등교거부로 고민하시는 어머님들께

덴마크 코펜하겐 시내 Frederiksberg라는 곳의 한 공원에는 여러 가지 모양과 색깔의 젖꼭지들을 달아둔 나무가 있습니다. 만 3세가 되어 유치원에 처음 갈 때 그들은 하나의 의식으로 이 공원에 와서 그동안 아기처럼 빨며 위안을 얻었던 공갈꼭지를 마음을 담은 그림과 쪽지와 함께 걸어두고 갑니다. '이제 나는 이것 없이도 잘 지낼 수 있을 만큼 의젓한 아이가 되었다'라는 자기 결심을 부모와 동생과 형과 함께 와서 걸고 가는 것입니다. 늦은 아이들은 학교에 가기 전에 와서 거는 아이도 있다고 합니다.

이 전통은 아이들이 유치원이나 학교에 들어갈 때 자신의 발달 단계를 기꺼이 이겨내고자 하는 결단을 보다 확고히 하기 위한 작은 의식 같은 것입니다. 직접 나무 아래서 하나씩 보니 작은 몸짓으로 아이들이 성장의 한 단계를 오르기 위해 고군분투한 느낌이 나서 가슴이 뭉클했습니다.

부모도 포기하고 싶을 때가 있습니다

아이를 키우면서 아이가 한 단계 성장해 갈 때마다 엄마도 아이만큼이나 안타까운 고통을 함께하며 버티게 됩니다. 처음 젖니가 날 때 잇몸을 비벼대는 아이를 보며, 온전히 걷는 날이 오기까지 수없이 넘어지는 아이를 보며, 눈물로 얼룩진 얼굴로 엄마와 헤어지지 않으려 발버둥치는 아이를 보며, 작은 어깨를 짓누르는 무거운 학교 가방을 보며, 아이들도 힘들지만 부모도 가슴으로 울고 아이들에게 주어진 삶의 무게를 포기하고 싶을 때도 있습니다. 아침마다 아이들과 실랑이를 하며, 울고불고 매달리는 아이를 떼어놓고 오며, 엄마는 강해야 하는데 너무나 힘들어 그 끈을 놓아버리고 싶을 때도 있습니다. 하지만 학교를 포기하는 것은 세상 속으로 들어가는 것을 포기하는 것이기에 그렇게 하지는 못하고 그렇게 해서도 안 됩니다.

힘들지만 부모가 먼저 분명하게 행동해야 합니다

처음 어린이집이나 유치원을 가게 되는 일, 초등학교에 입학하고 중·고등학교로 진학하는 일은 우리 아이들에게 인생의 대사건입니다. 그러나 세상으로 들어가는 일은 그리 녹록하지가 않지요.

아침마다 피곤에 지친 작은 몸으로 눈을 비비며 세수하러 가는 아이의 모습을 보며 모든 부모들은 참대로 아이들을 다시 돌려보내고 싶은 마음을 느낍니다. 하지만 한 인간으로 사회에 적응하며 살기 위해서는 must 할 것이 있지요……. 그것이 바로 학교를 가야 한다는 것입니다. 한 사회구성원으로서 의무를 다한다는 것은 엄청난 불편함과 고통을 감내하게 합니다. 그래야 사회라는 울타리 안에서 제도를 거역하지 않고 사는 것이니까요. 그러나 의무를 다한다는 것은 불편하고 고통이 따르지만 그만큼의 대가와 성장도 얻는다고 생각합니다. 제 아이가 초등학교를 입학하고 나서 며칠 지난 어느 날, '사람들은 왜 학교에 다녀야 하느냐'고 물었습니다. 그래서 저는 단호하고 확고하게 말했습니다.

"네가 방금 말한 사람으로 살기 위해 우리는 꼭 해야 하는 것이 있다. 학교를 가는 것은 그중 하나란다."

이럴 때 부모님의 용기와 지혜가 필요합니다

학교를 가는 것은 불편하고 힘들지만 결국은 아이들의 삶을 더 편하게 하는 일이기도 합니다. 누구보다 부모가 먼저 아이를 학교에 보내는 마음과 행동이 확고해야 합니다. 아이가 등교거부를 해 마음 졸이고 우왕좌왕하다 보면 어머님들의 불안과 스트레스는 아이들의 마음으로 고스란히 전해집니다. 이것은 아이 문제를 해결하는 데 전혀 도움이 되지 못합니다. 보다 담대하고 지혜롭게 문제를 풀어나가시길 바랍니다. 물론 혼자 힘으로 안 될 때는 전문적인 도움을 받아 어려운 상황을 헤쳐나갈 수가 있습니다.

그렇게 아이들은 고통을 통해 영글어집니다

한편으로는 아이들이 등교를 거부하는 것처럼 아픈 단계를 거치는 것은 성장의 좋은 기회가 되기도 합니다. 그 어떤 일도 아픔만 되고 고통만 되는 일은 없습니다. 성장은 늘 그들 뒤에 따라오는 것이니까요……. 이럴 때 어머님들의 지혜와 용기는 아이들의 삶에 좋은 밑돌이 되어 줄 것입니다.

고통을 이겨내기 위한 용기! 용기가 모든 일을 하게 해 주세요

아이들이 학교에 가고, 부모가 아이들을 학교에 보내는 일도 용기가 하는 일입니다. 용기는 두려움이 없는 것이 아닙니다. 두려움을 인정하고, 그것에 맞서 앞으로 나아가는 것이 용기입니다. 두려움으로 학교를 거부하는 아이들에게 두려움을 없애 주려 애쓰지 말고 두려움과 맞서 싸우는 용기를 만들어 주십시오. 용기는 고통을 이겨내는 약이고 합니다.

아이와 어머님들의 용기와 지혜를 믿으며……

저자 일동

참고문헌

김승국 · 김옥기(1985). 사회성숙도검사. 서울: 중앙적성출판사.

김유숙 · 박진희 · 최지원(2009). 은둔형외톨이. 이너북스.

박성연(1998). 감각추구성향과 사회화 요인이 남녀 청소년의 위험행동에 미치는 영
　　향. 아동학회지, 19(1), 211–227.

원영미(1990). 유아의 기질 및 그 관련변수와 유치원 아동의 적응과의 관계. 이화
　　여자대학교 대학원 박사학위논문.

이보영(2006). 만 5세 유아의 문제행동과 어머니의 양육태도와의 관계. 사회복
　　지지원학회지, 2(2), 131–150.

조아미(2008). 종단적 자료분석을 통해 본 청소년의 비행과 자아존중감의 관계.
　　청소년시설환경, 6(1), 29–37.

Achenbach & Edelbrock(1978). The Child Behavior Profile: II. Boys aged 12–16 and
　　girls aged 6–11 and 12–16. *Journal of Consulting and Clinical Psychology*,
　　47(2), 223–233.

Berg, Nichols & Prichard(1969). School Phobia–Its Classification And Relationship to
　　Dependancy. *Journal of Child Psychology and Psychiatry*, 10(2), 123–141.

Bernstein & Garfinkel(1986). School Phobia: The Overlap of Affective and Anxiety
　　Disorders. *Journal of the American Academy of Child Psychiatry*, 25(2),
　　235–241.

Coolidge, Hahn & Peck(1957). School phobia: Neurotic crisis or way of life. *American Journal of Orthopsychiatry*, 27, 296–306.

DuPaul & Russell(1992). Situational Variability of Attention Problems: Psychometric Properties of the Revised Home and School Situations Questionnaires. *Journal of Clinical Child Psychology*, 21(2), 178–188.

Elliott(1999). Practitioner Review: School Refusal: Issues of Conceptualization, Assessment, and Treatment. *Journal of Child Psychology and Psychiatry*, 40(7), 1001–1012.

Goyette, Conners & Ulrich(1978). Revision and Restandardization of the Conners Teacher Rating Scale(CTRS–R): Factor Structure, Reliability, and Criterion Validity. *Journal of Abnormal Child Psychology*, 26(4), 279–291.

Kagan(1994). *The Nature of the Child*. New York: Basic Books.

Kagan, Reznick & Gibbons(1989). Inhibited and Uninhibited Types of Children. *Child Development*, 60(4), 838–845.

Kearney & Silverman(1993). Measuring the Function of School Refusal Behavior: The School Refusal Assessment Scale. *Journal of Clinical Child Psychology*, 22(1), 85–96.

Kennedy(1965). School phobia: Rapid treatment of fifty cases. Journal of Abnormal Psychology, 70(4), 285–289.

Last & Strauss(1990). School Refusal in Anxiety–Disordered Children and Adolescents. *Journal of the American Academy of Child & Adolescent Psychiatry*, 29(1), 31–35.

Mash(1999). Assessing social validity in clinical treatment research: Issues and procedures. *Journal of Consulting and Clinical Psychology*, 67(3), 308–319.

Rothbart(1994). Temperament and the development of personality. *Journal of Abnormal Psychology*, 103(1), 55–66.

Thomas & Chess(1977). *Temperament and development*. Oxford, England: Brunner/Mazel.

최명선

학 력

숙명여자대학교 학사, 석사 및 박사 졸업(아동상담 전공)
Gestaltpsychotherapie für Kinder und Jugendlischen(Gestalt Institut Köln in Germany)
Ausbildung in'Methoden und supervision der Gestaltpsychotherapie'(saarbrücken)

경 력

현) 아동청소년상담센터 맑음 소장
　　맑음 부설 아동청소년심리치료연구소 소장
전) 동신대학교 상담심리학과 교수
　　한국놀이치료학회, 상담심리학회 편집부위원장
　　상담심리학회, 놀이치료학회, 인간발달학회 등 다수 학회의 편집위원/학술위원
　　숙명여자대학교, 덕성여자대학교, 강원대학교 강사

저 서

『놀이치료: 아동중심적 접근』
『놀이치료의 치료관계와 치료성과』
『아동청소년심리척도 핸드북』
『꿈을 찾으면 내 직업이 보인다』
『사회조사방법론』
『논문의 저술에서 출판까지』
그 외 인관관계론/인성함양/리더십개발 등 다수의 저서와 학술논문 저술

정유진

학 력
성신여자대학교 유아교육학과 졸업
숙명여자대학교 아동복지학과 아동심리치료 전공 석사 및 박사과정

경 력
현) 맑음 부설 아동청소년심리치료연구소 책임연구원
    (사)다문화가족 세종교육센터 책임연구원
전) 송정신경정신과 놀이치료사
    서울신학대학교 아동발달지원센터 놀이치료사
    숙명여자대학교 아동연구소 연구원
    한서대학교 강사

저 서
『인간관계론』
『사회조사방법론』

송현정

학력

숙명여자대학교 아동복지학 전공 학사
숙명여자대학교 아동복지학과 아동상담 전공 석사 및 아동심리치료 전공 박사

경력

현) 맑음 부설 아동청소년심리치료연구소 부소장
　　아동청소년상담센터 맑음 놀이치료사
전) 단혜아동상담센터 상담원
　　원광아동상담센터 상담원
　　경인교육대학교, 광운대학교 강사

저서

『집단발달놀이치료: 이론과 실제』

등교거부 아이 달래기

초판인쇄   2012년 11월 9일
초판발행   2012년 11월 9일

지은이   최명선·정유진·송현정
펴낸이   채종준
기 획   이주은
편집디자인   김소영
표지디자인   박능원

펴낸곳   한국학술정보(주)
주 소   경기도 파주시 문발동 파주출판문화정보산업단지 513-5
전 화   031) 908-3181(대표)
팩 스   031) 908-3189
홈페이지   http://ebook.kstudy.com
E-mail   출판사업부 publish@kstudy.com
등 록   제일산-115호(2000.6.19)

ISBN   978-89-268-3648-4 14370 (Paper Book)
           978-89-268-3649-1 15370 (e-Book)
           978-89-268-3646-0 14370 (Paper Book set)
           978-89-268-3647-7 15370 (e-Book set)

이담 *Books* 는 한국학술정보(주)의 지식실용서 브랜드입니다.

책에 대한 더 나은 생각, 끊임없는 고민, 독자를 생각하는 마음으로 보다 좋은 책을 만들어갑니다.